프레임 전쟁

프레임 전쟁

보수에 맞서는 진보의 성공전략

죠지 레이코프·로크리지 연구소 지음 나익주 옮김

창비

차 례

미국은 지금 위험에 처해 있다. 스스로 '보수주의'라 일컫는 급진적이며 권위주의적인 우익의 지배를 받을 위기에 직면해 있기 때문이다. 그들은 마치 자신들이 미국의 가치를 보존하고 신장하고 있는 것처럼 행동한다. 그러나 사실은 그들이 지금까지 미국의 가치를 짓밟아왔다.

미국의 가치는 본래 진보적이지만, 진보주의자들은 길을 잃고 헤매왔다. 전통적인 미국인, 즉 진보주의 미국인으로서의 우리는 정체성을 잃어가고 있다. 미국을 위대한 자유 국가로 만들어준 바로 그 가치들을 잃어가고 있다. 이 위대한 자유 국가에서 관용 덕택에 우리는 단결할 수 있었고, 다양성 덕택에 힘을 가질 수 있었으며, 공익을 위해 행동함으로써 꿈을 이룰 수 있었고, 인간의 존엄성을 존중함으로써 기회를 늘리고 창의성을 발휘하고 부를 생성할 수 있었다. 그런데 그러한 가치를 잃어가고 있는 것이다.

그러나 진보주의자들은 이러한 가치를 당연한 것으로 여기기 때문에 더이상 진보적 비전을 명확하게 제시할 능력이 없다. 우리는 정치적 논쟁의 언어를, 심지어는 진보주의 이상에 대한 언어—'자유'와 같은—마저도 극우파들에게 다시 정의하도록 넘겨주었다. 급진적인 우파는 자신들의 가치를 이해하고 자신들의 의제를 알고 있다. 지금까지 그들은 자신들의 사상과 자신들의 언어를 미국에 부과했다. 그들은 공적인 논쟁을 주도해왔으며, 그 결과 권력을 잡을 수 있었다.

진보적인 정치 지도자들은 단기적으로 정권을 향해 뛰어야 하고, 서민들의 통합된 지원도 없이 엄청나게 부당한 입법을 날마다 막아야 하기 때문에 장기적 변화를 이끌어내지 못했다. 진보적인 정책 입안자들은 현재 상황에서 단지 그만큼의 일을 할 수 있을 뿐이다. 집단적인 진보주의 목소리를 찾고, 다시 한번 공익을 요구하며, 큰 소리로 미국을 노래하는 합창단을 만드는 것은 전적으로 정치중심권 밖에 있는 서민들의 몫이다.

로크리지(Rockridge)연구소는 그러한 합창단의 일원이며, 진보적인 미국의 가치와 비전을 제시하는 일에 전념하고 있다. 이 책에는 우리의 활동과 헌신이 반영되어 있다. 진보주의자들은 무엇이 옳은지를 본능적으로 느낀다. 로크리지연구소에서 우리가 할 일은 그러한 느낌을 언어로 표현하고, 우리의 진실을 다른 사람들에게 드러내줄 프레임을 발견하는 데 도움을 주며, 무엇이 옳은가에 대한 우리의 거역할 수 없는 감각을 효과적인 논증으로 전환하는 것이다.

우리는 진보적인 서민들이 진보적 전망에 대한 쉽고 체계적인 짧은 설명과, 여러 관심 영역에 적용되는 원리, 프레임 구성의 모든 필수적 요소를 필요로 한다는 것을 느꼈다. 즉 호주머니에 넣고 다닐 수 있으며 인터넷으로 접근할 수 있는 책을 필요로 한다는 것을 알았다. 그 책이 바로 여기에 있다.

이 책에서 우리는 많은 것을 다루었다. 우리는 왜 슬로건과 정보 조작이 대부분의 경우 진보주의자들에게 유리하게 작용하지 않는지 알고 싶었다. '엄격한 아버지 모형/자애로운 부모 모형'에 대한 오해가 널리 퍼져 있기 때문에 이 두 모형을 명확히 제시하고 싶었다. 왜 유권자들이 프로그램과 정책의 잡다한 목록에 반응하지 않는지 알고 싶었다. 그리고 진리를 지키는 데 프레임 구성이 왜 필수적인가를 보여주고 싶었다.

이 과정에서 우리는 몇가지 새로운 개념을 도입하였다. 예를 들어, 심층 프레임 구성(deep framing)에 대한 최신 연구를 제시한다. 즉 어떤 슬로건이나 재치있는 캐치프레이즈가 대중에게 울려퍼지게 하는 데 필수적이며, 여러 이슈를 가로지르는 도덕적 가치와 정치적 원리를 제시한다. 또한 논증 프레임을 상세하게 검토한다. 이것은 진보주의자와 보수주의자가 둘 다 사용하는 논증 형식의 일반적인 전체 구조이다. 그리고 왜 보수주의자들은 직접적인 인과관계에 초점을 맞추는 반면,

진보주의자들은 전체적이거나 복합적인 인과관계에 관심을 갖는지를 탐구한다.

더욱 중요한 것은 우리가 이념적 '중심'의 개념을 살펴본 뒤 그 개념을 거부한다는 것이다. 이념적 '중심' 개념은 '중도파들'로 이루어진 것이 아니며, 좌우 스펙트럼에 고루 퍼져 있는 관심사들에 의해 정의되지도 않는다. 그 대신에 '중심'은 이중개념주의자들로 이루어져 있다. 이중개념주의 개념은 미국 정치를 이해하는 데—그리고 변화시키는 데—필수적이다. 우리는 왜 진보주의자들이 이중개념주의자들에게도 자신의 정치적 지지자들에게 말하는 것과 동일한 방식으로 말해야 하는지를 설명한다.

이 책을 읽으면서 주의해야 할 점이 있다. 구체적인 광고 캠페인을 펼치는 권리 옹호 단체나 직책을 위해 출마한 후보자, 정책 입안자 모두 단기적인 필요성을 갖고 있다. 그들은 다음 광고와 내일의 연설, 다가오는 선거 운동을 위한 언어를 원하며, 오늘 아침에 발표된 상대편의 비난에 정곡을 찌르는 연설로 대응하기를 원한다. 그러나 이 책의 내용은 당면한 전략 문제에 대한 단기적인 얼치기 해결책이 아니다. 오히려 이 책은 미국을 진보적 이상의 길로 되돌리기 위한 장기적인 전략을 담고 있으며, 우리의 정치 활동 방식을 변화시키고, 미국이 진보적인 서민들과 교감하도록 도와주는 책이다.

우리는 이 책이 새롭게 재충전한 자유주의의 언어를 창조하는 출발점이 되기를 기대한다. 이 책의 온라인 버전은 로크리지 프로그래씨

브 매뉴얼 프로젝트의 바탕이 될 것이다. 이 프로젝트는 이 책의 외연을 모든 관심 영역으로 차근차근 확장할 계획이다. 즉 진보적인 서민들과 계속 소통하고 전국적인 대화로 상호작용함으로써 영역을 확장할 것이다. 이 책은 또한, 이슈들을 큰 소리로 말하고 진보적인 이상과 가치를 대중 앞에 내놓고 싶은 운동가들—개인이든 집단이든—의 조직인 로크리지 액션 네트워크의 씨앗이다. 우리의 계획에 관심 있는 분들은 info@rockridgeinstitute.org로 연락하길 바란다.

미국 전역에서 진보주의자들이 자신의 목소리를 찾고 있다. 이 책이 당신의 목소리를 찾는 데 도움이 되길 바란다.

죠지 레이코프
캘리포니아 버클리
2006년 8월 1일

| 왜 이 책을 쓰는가? |

미국의 진보주의는 유서 깊은 역사를 지니고 있다. 미국 진보주의의 역사는 자유와 평등, 인간 존엄성, 관용, 다양성의 인정이라는 자유주의 원리에 의해, 그리고 우리의 공공 재원을 공익을 위해 사용해야한다는 신념에 의해 촉발된 하나의 서사이다. 미국의 가장 위대한 순간들은 이러한 원리가 널리 퍼졌을 때 찾아왔다. 이 책은 그러한 가치를 지켜나가기 위해 쓰였다.

이러한 원리는 결코 어떤 한 사람이나 장소, 정당의 소유물이 아니며, 어떤 한 인종이나 계층, 성(性)의 소유물도 아니다. 또한 어떤 한시대나 지역, 원산지에 속하지도 않는다. 그리고 적색 주(공화당 지지주)와 청색 주(민주당 지지 주)의 이분법*을 인정하지도 않는다. 지금까지 미국을 더 높은 도덕적 기반 위로 끌어올렸던 진보적 원리들을 우리 스스로 상기하기 위해서 이 책을 쓴다. 그리고 우리 아이들에게 더 나은 미래를 남겨줄 수 있다는 희망으로 우리의 과거를 되돌아본다.

우리의 가장 위대한 애국자들은 이러한 원리를 가장 명확히 표현하고 실천했던 사람들이다. 그들은 용기와 신념으로 이 나라의 헌법을 수호하기 위해 목숨을 바쳤다. 그들은 우리에게 자랑스러운 공동의 자산을 물려주었다. 그것이 우리를 숙연하게 한다. 우리도 역시 유서 깊은 신념을 실천하기 위해서 이 책을 쓴다.

이 이야기 속의 가장 중요한 인물은 시민들이었다. 맨 먼저 죠지 워싱턴(George Washington)이나 토머스 제퍼슨(Thomas Jefferson)과 같은 혁명가는 영국의 압제에 저항하도록 선동하고 그 굴레를 내던짐으로써 자유의 신장을 위해 싸웠다. 이어서 프레더릭 더글라스(Frederick Douglass)나 해리엇 터브만(Harriet Tubman)과 같은 노예폐지론자들이 그들의 뜻을 이어받았다. 노예폐지론자들은 미국의 '원죄'인 노예제도가 지속되는 한 감히 어떤 민주주의도 스스로 민주주의라고 부를 수 없다고 주장했다. 노예폐지론자들에 뒤이어 쑤전 앤서니(Susan B. Anthony)와 엘리지베스 케디 스탠튼(Elizabeth Cady Stanton)과 같은 참정권 확장론자들이 평등에 대한 우리의 이해를 넓혀주었으며, 여성

* 미국의 대통령 선거제도는 한 정당의 대통령 후보가 선거에서 이긴 주의 선거인단을 모두 가져가는 승자독식제이다. 공화당이 승리한 경우 그 주는 적색 주가 되고 민주당이 승리한 경우 그 주는 청색 주가 된다 ─ 옮긴이, 이하 * 로 표시된 주는 모두 옮긴이 주이며, 원서의 주는 책 뒤에 실었다.

의 투표권을 쟁취했다.

이밖에도 많은 사람들이 있다. 마틴 루서 킹 목사(Martin Luther King Jr.)와 로사 파크 부부(Rosa Parks)는 관용을 위한 행진을 했으며, 미국인들에게 다양성을 존중하도록 격려했다. 존스 수녀(Mother Jones)와 쎄사르 차베스(Cesar Chavez), 쏘우저너 트루스(Sojourner Truth)는 비록 서로 다른 시대에 살았지만, 양도할 수 없는 인간의 존엄성을 지키기 위해 싸웠다. 존 뮤어(John Muir)와 레이철 카슨(Rachel Carson)은 자연의 세계와 공유지를 보호하자고 외쳤다. 대니얼 엘스버그(Daniel Ellsberg)는 평화의 이름으로, 또한 압제적인 행정 권력에 대한 견제의 이름으로 국방부의 문서를 공개하며 베트남 전쟁의 종식을 앞당겼다.

역경에 맞서서 자신의 비전과 용기를 보여준 위대한 정치가들은 찬사를 받을 만하다. 링컨(Abraham Lincoln)은 노예를 해방시켜 이 나라 미합중국을 구했다. 로우즈벨트(Theodore Roosevelt)는 시장의 고삐 풀린 과잉을 제어하고, 자연의 경이를 보호해야 하는 정부의 역할을 정립했다. 프랭클린 로우즈벨트(Franklin D. Roosevelt)는 한걸음 더 나아가 뉴딜 정책을 실시하여 공익을 위해 공공 재원을 사용해야 하는 정부의 중요한 역할을 확실히 다져놓았다. 그것은 일련의 프로그램 이상의 것이었다. 감정이입과 책임이라는 진보주의의 핵심 가치로 충만한 운동이었으며, 정부가 국민에게 관심을 가져야 하며 그러한 관심을 바탕으로 정책을 실행해야 한다는 이념을 지닌 운동이었다.

이 애국자들에게 영감을 불어넣었던 믿음과 확신, 가치들이 오늘날 우리에게도 영감을 줄 수 있다. 우리가 직면한 이슈와 도전이 그때와는 다르지만, 길잡이 원리는 그대로 남아 있다.

만일 현재 미국이 이 애국자들이 구상했던 대로 존재한다면, 이 책을 써야 할 이유가 없을 것이다. 불행히도 지금까지 미국은 진보주의 가치에서 멀리 떨어져 헤매고 있다. 어린이들은 충분한 식량과 건강관리를 받지 못해서 여전히 허약하다. 이것은 인간의 기본적 존엄성에 대한 우리의 믿음을 흔든다. 국가가 묵인하는 동성애자 차별이 널리 퍼져 있다. 이것은 다양성과 관용, 법 앞의 평등에 대한 우리의 믿음을 비웃는다. 건강과 교육, 투옥 비율, 경제적 능력에서 종족 공동체 사이에 차별이 지속되고 있다. 그래서 민권 운동의 약속은 여전히 실현되지 않고 있다. 전 지구적인 기후 위기 앞에서 이를 해결하기 위한 도전은 여전히 미약하다. 그리고 우리는 이 나라의 힘과 부는 물론 도덕적 체질까지 갉아먹고 있는 이라크의 군사적 수렁에 빠져 있다.

무엇보다도 권위주의의 먹구름이 이 나라에 드리워져 있다. 그래서 중요한 정지석 변화 없이는 이 이슈들 중 어느 것도 언급하기 어렵다. 오랫동안 급진 보수파가 정권을 잡아왔으며, 정치적 논쟁의 언어를 통제해왔다. 진정한 변화가 일어나려면, 진보주의 이상들이 우리의 국가적인 정치담론 속의 중앙 무대로 돌아와야 한다. 이것은 쉬운 일이 아니며 금방 이루어지지도 않을 것이다. 오히려 상당한 시간을 요하는 과제일 것이다. 그러나 우리는 해낼 수 있다.

진보주의 비전을 명확히 제시하는 일은 바로 우리 시민들에게 달려 있다. 진보주의 정치 지도자들만으로는 그 일을 할 수 없다. 지성과 선의에도 불구하고, 그들은 과도한 단기적 압박을 받기 때문이다. 그들은 미국 전역의 진보주의자들의 도움을 필요로 할 것이다. 우리는 우리의 가치를 이 나라 전역에 퍼뜨려야 한다. 그러면 진보주의 정치 지도자들은 이 소중한 후원을 바탕으로 훨씬 더 자유롭게 그러한 가치를 발표할 수 있을 것이다.

다행히도 우리는 오늘날 이러한 이상을 추구할 때 예전의 혁명가들과는 달리 맞서 싸워야 할 영국 군대가 없다. 노예폐지론자나 참정권 확대론자와 달리 맞서 싸워야 할 폭력적인 집단도 없다. 그리고 과거의 파업 노동자들과 달리 맞서 싸워야 할 핑커튼 부대*도 없다. 맞서 싸워야 할 사람은 바로 우리 자신이다. 우리는 우리의 가장 심오한 신념을 표출하도록 정치적 용기를 북돋워야 한다. 이것이 바로 이 책을 쓰는 이유이다. 우리는 당신이 이 책을 통해 미국을 진보적인 이상으로 되돌려놓는 데 도움을 주기 바란다.

* 1930년대 미국의 노동운동을 탄압하기 위해 활동하던 용역업체 중 노동조합 활동가들을 납치하여 폭행하고 때로는 암살하는 등 무자비한 활동으로 악명 높았던 업체.

:1장: 승리와 패배

로널드 레이건(Ronald Reagan) 전 대통령의 주요 전략가 리처드 워슬린(Richard Wirthlin)은 1980년 미국의 정치를 심오하게 변화시킨 한 가지 사실을 발견했다. 여론 조사원으로서 워슬린은 사람들이 어떤 이슈를 보는 후보자의 견해에 근거하여 투표를 한다고 배웠다. 그러나 레이건에 대해 그가 실시한 최초의 여론 조사에서 흥미로운 사실이 드러났다. 이슈를 두고 레이건과 의견을 달리하면서도 유권자들은 여전히 그에게 투표하고자 했다. 어리둥절한 워슬린은 이 문제를 더 깊이 파고들었다. 그리하여 무엇이 정말로 사람들로 하여금 레이건에게 투표하고 싶은 마음이 들게 하는지를 알아냈다.[1]

레이건은 이슈보다는 가치를 이야기했다. 구체적인 정견보다 가치의 전달이 더 중요했다. 레이건은 사람들과의 관계를 중시했으며, 의사소통에 능했다. 레이건은 또한 진실한 사람으로 보였다. 즉 그는 자신이 한 말을 믿는 것으로 보였다. 그리고 레이건이 자신의 가치를 이야기하고 사람들과의 관계를 중시하고 진실한 사람으로 보였기 때문에, 사람들은 그를 신뢰할 수 있다고 느꼈다.

가치와 인간적 유대, 진정성, 신뢰, 이 네 가지 이유로 유권자들은 자신을 레이건과 동일시했으며, 그가 자신들 중의 한 사람이라고 느꼈다. 그것은 레이건의 모든 가치가 자신들의 가치와 잘 어울렸기 때문도, 레이건이 유권자들과 같은 사회경제적 계층이나 사회문화 출신이기 때문도 아니었다. 레이건의 세계관과 행동 사이의 연결뿐만 아니라 자신들과의 인간관계의 진실성을 믿었기 때문이었다.

문제와 관련된 사실만큼 이슈 또한 현실적이다. 그러나 이슈는 또한 가치와 신뢰도를 상징한다. 효과적인 선거운동은 후보자의 가치를 전달하고 이슈를 상징적으로, 즉 자신의 도덕적 가치와 신뢰도를 나타내는 것으로 사용해야 한다.

레이건이 만들어낸 가공의, 캐딜락을 모는 '사이비 사회복지수혜 여성'(welfare queen)을 상기해보라. 레이건에게 그녀는 단순한 사회복지 남용 사례 그 이상을 나타냈다. 그녀는 빈곤을 다루는 정부의 접근법, 특히 광범위한 일련의 정부 '구호물자'가 완전히 잘못된 것임을 상징하게 되었다. 레이건은 '구호물자'를 게으름을 보상해주고, 절제를 배울 동기를 없애며, 비도덕성을 유발하는 프로그램으로 간주했다.

우리가 레이건에 대해 어떤 모습을 떠올리든지, 이것은 지난 사반

세기 동안 보수주의자들에게는 승리의 공식이 되었다. 진보주의자들은 이 공식에서 배울 필요가 있다. 정치는 가치의 문제이고, 의사소통의 문제이며, 후보자가 옳은 일을 수행할 것으로 믿는 유권자들의 문제인 동시에 후보자의 세계관에 대한 믿음의 문제이며, 그 세계관과의 동화의 문제이다. 또한 정치는 상징성의 문제이다.

이슈는 이차적이다. 즉 이슈는 부적절하거나 사소한 것이 아니라 이차적인 것이다. 이슈에 대한 견해는 당연히 사람의 가치에서 나오며, 이슈와 정책의 선택은 그러한 가치를 상징한다.

진보 진영에서 흔히 하는 오해 중 하나는 레이건과 죠지 부시(George W. Bush)의 당선이 어떤 실질적인 내용보다는 오히려 '인격'과 관련이 있다고 믿는 것이다. 후보자가 자신의 도덕적 세계관을 진정으로 준수하든 하지 않든 이 세계관보다 더 중요한 것은 없다.

우연히도 위슬린의 발견은 대통령 후보에 관한 것이었지만, 그것은 훨씬 더 광범위하게 적용된다. 이 점은 모든 진보주의자들이 명심해야 한다. 가치와 원리에 집중하라. 진정한 사람이 되라. 그리고 당신이 진정으로 믿는 것을 옹호하라. 당신이 말을 걸고 있는 사람들에게 감정이입을 하고 그들과 유대 관계를 맺으라. 그렇지만 정체성, 즉 당신의 정체성과 그들의 정체성에 근거하여 그렇게 하라.

이 책은 선거에서의 승리와 패배에 관한 것이 아니라, 정서적인 유대와 신뢰를 얻고 잃는 문제에 관한 것이다. 이런 일은 사람들로 하여금 자신이 과연 누구인지를 진정으로 알아내도록 도와줄 때에만 일어날 수 있다.

이 책은 가치와 가치를 전달하는 방법을 담고 있다. 또한 진보적 비전은 무엇인지, 진보주의의 근본적인 도덕적 가치와 원리는 무엇인지, 어떻게 그러한 가치와 원리를 명확히 드러내고 설득력 있게 주장할 수 있는지를 다룬다. 그 비결은 효과적 의사소통이다. 즉 우리의 가장 탄탄한 신념에 부합하는 낱말과 언어를 사용하는 것이다.

진보주의자들은 워슬린의 발견을 이해하지 못했을 뿐만 아니라, 인지과학의 최근의 발전도 이해하지 못했다. 따라서 그들은 계속 수많은 덫에 걸리기를 반복하고 있다. 그렇지만 이것은 우리 자신이 만든 덫이다. 그래서 우리 자신의 가치 중 어떤 것도 변화시킬 필요 없이 덫에서 빠져나올 수 있다.

이것이 바로 낙천적으로 미래를 보는 이유이다. 이 책의 목적은 진보주의의 가치와 이념, 주장을 분석하여 지금까지 우리를 가두었던 덫에서 벗어나게 하려는 것이다.

열두가지 덫을 피하라

1. 이슈의 덫

사람들은 언제나 이렇게 말한다. 진보주의자들은 결코 어떤 일련의 이념들로 묶이지 않는다. 우리는 모두 각기 다른 이념을 갖고 있으며, 다른 이슈에 관심을 갖는다. 그렇지만 사실 진보주의자들은 가치들의 층위에서 정말로 동의하며, 진보주의의 단결을 위한 현실적인 토대도 있다. 진보주의 가치들은 여러 이슈에 두루 적용된다. 진보주의 원리나 논증 형식도 마찬가지다. 이슈가 무엇이든지 보수주의자들은 보수적 사고를 주장한다. 진보주의자들은, 논증을 고립시키고 전체적인 진보주의 비전을 정의하는 가치와 원리로부터 우리를 떨어뜨려놓는, 이슈 창고에서 빠져나와야 한다.

2. 여론조사의 덫

많은 진보주의자들은 여론조사를 맹목적으로 따른다. 지도자의 임무는 선도하는 것이지 뒤따르는 것이 아니다. 게다가 대중의 믿음과 달리, 여론조사 자체는 정확한 경험적인 증거를 제시하지 못한다. 여론조사는 흔히 부적절한 질문 구성의 정확성만큼만 정확하다. 진정한 지도자는 어떤 입장을 취해야 할지를 알아내기 위해 여론조사를 이용하지 않는다. 오히려 그는 사람들을 새로운 입장으로 유도한다.

3. 상세 목록의 덫

진보주의자들은 사람들이 프로그램과 정책의 목록에 근거하여 투표한다고 믿는 경향이 있다. 사실 사람들은 가치와 인간관계, 진정성, 신뢰, 정체성을 바탕으로 투표한다.

4. 합리주의의 덫

이성은 완전히 의식적이고, 축자적이며 (객관적 세계에 직접 적용되며), 논리적이고, 보편적이며, 비감정적이라는 진부한—그리고 거짓인—이론이 있다. 지금까지 인지과학은 이러한 가정 하나하나가 다 거짓이라는 것을 밝혀냈다. 이러한 가정으로 인해 진보주의자들은 다른 덫에 걸린다. 즉 확고한 사실이 유권자들을 설득할 것이고, '이성적'인 유권자들이 자신들의 사리와 이슈를 위해 투표하며, 어떤 프레임*을 부정하는 것이 그 프레임을 반대하는 논증을 펴는 효과적인 방법이라고 가정하는 덫에 걸리는 것이다.

5. '어떤 프레임 구성도 필요 없다'는 덫

진보주의자들은 혼히 "진실은 프레임에 넣을 필요가 없고, 사실은 스스로 말한다"고 주장한다. 사람들은 프레임—세계가 어떻게 작용하는가에 대해 깊숙이 자리잡은 심적 구조—을 사용하여 사실을 이해한다. 프레임은 우리의 뇌 속에 있으며, 우리의 상식을 정의한다. 프레임을 활성화하지 않고서는 사고 활동도 의사소통 활동도 불가능하

---

* 프레임(frame)은 이 책의 저자 레이코프의 캘리포니아(버클리)대학교 언어학과 동료교수이자 세계적 언어학자인 찰스 필모어(Charles Fillmore)가 언어 표현의 의미를 설명하고 기술하기 위해 언어학에 도입한 개념이다. 프레임은 문화적 관례나 세상에 대한 믿음, 일을 처리하는 익숙한 방식, 사물을 바라보는 방식 등에 대해 특정하게 구조화된 심적 체계이다.

다. 따라서 어느 프레임이 활성화되는가는 매우 중요하다. 진리를 진리로서 지각시키기 위해서는 프레임에 적절하게 넣어야 한다. 사실은 맥락을 필요로 한다.

6. '정책은 가치'의 덫

진보주의자들은 정책을 가치와 완전히 혼동한다. 가치는 감정이입, 책임, 공평성, 자유, 정의 등과 같은 윤리적 개념이다. 비록 정책이 가치에 근거하거나 근거해야 하지만, 정책 그 자체는 결코 가치가 아니다. 따라서 사회보장과 전국민건강보험은 가치가 아니라, 인간 존엄성과 공익, 공평성, 평등의 가치를 반영하고 부호화하는 정책이다.

7. 중심주의의 덫

이념적인 '중심'이 존재한다는 일반적인 믿음이 있다. 즉 이슈를 두고 자기 고유의 일관된 이념을 갖거나 좌에서 우로 정렬하거나 '주류'를 형성하는 유권자들의 거대한 집단이 있다. 이들은 모두 이슈에 대해 동일한 입장을 취한다. 사실 이른바 중심은 실제로 이중개념주의자들, 즉 삶의 어떤 측면에서는 보수적이고 다른 측면에서는 진보적인 사람들로 구성된다. 스스로 '보수주의자'라 칭하는 유권자들은 흔히 삶의 여러 중요한 영역에서 상당히 진보적 가치를 지니고 있다. 흔히 체계적이며 방대한 진보적 정체성으로 인해 우리는 이들을 '부분적으로 진보적인' 이중개념주의자라고 칭해야 한다.

일반적으로 잘못된 이념 때문에 많은 진보주의자들은 더 많은 표를 얻기 위해 '오른쪽으로 이동해야' 한다고 믿었다. 사실 이것은 역효과를 낸다. 오른쪽으로 이동함으로써 진보주의자들은 실제로 우파의 가치를 활성화하고 자신들 고유의 가치를 포기하고 만다. 또한 이 과정에서 그들은 자신의 정치적 지지자들을 소외시킨다.

8. '오해'의 덫

너무 많은 진보주의자들이 보수적으로 투표하는 사람들, 특히 자신의 경제적 이익과 반대로 투표하는 사람들을 정말 멍청하다고 생각한다. 진보주의자들은 우리가 그러한 사람들에게 진정한 경제적 진실을 말해야만 하고, 그러면 그들이 투표하는 방식을 바꿀 것이라고 믿는다. 사실 보수적으로 투표하는 사람들은 나름대로의 이유가 있으며, 우리는 그 이유를 이해할 필요가 있다. 보수적 포퓰리즘은 본성상 경제적이 아니라 문화적이다. 보수적 포퓰리스트들은 자신들이 단지 평범하고 도덕적이며 올바른 신념을 지닌 사람들인데, 자신들을 무시하는 엘리뜨주의적 진보주의자들에게 억압을 받는다고 생각한다. 그들은 진보주의자들이 부도덕한 '정치적 올바름'*을 자신들에게 강요하려 한다고 보며, 그 점에 대해 분노한다.

---

* '정치적 올바름'(political correctness): 여성이나 유색인종, 장애인 등 사회적 약자에 대한 편견을 유발할 수 있는 언어 표현을 바로잡으려는 일종의 문화 정치적 운동을 가리키는 용어.

진보주의자들은 또한 보수주의 의제를 오해하여 보수주의 지도자들을 무능하고 아주 어리석다고 묘사한다. 이것은 보수주의의 목표를 진보적 가치를 통해서 조망한 데에서 비롯된다. 보수주의의 목표를 보수적 가치를 통해 바라보면 통찰력이 생기며, 보수주의자들이 실제로 얼마나 유능한지가 잘 드러난다.[2]

9. 반응의 덫

우리는 지금까지 대체로 보수주의자들이 정치적 논쟁의 프레임을 구성하도록 내버려두었다. 보수주의자들은 정책 입안에서 주도권을 쥐고 있으며, 자신들의 이념을 대중에게 제시하고 있다. 진보주의자로서 반응할 때, 우리는 보수주의 프레임과 가치를 앵무새처럼 반복한다. 그래서 우리의 메씨지는 전달되지 않으며, 설상가상으로 그들의 이념을 강화하기까지 한다. 우리 고유의 가치를 우리 고유의 언어로 제시하기 위해서 진보주의자들은 앞을 내다보는 일련의 정책과 의사소통 기법을 필요로 한다. '전략회의실'(war rooms)과 '진실단'(truth squads)은 프레임을 변화시켜야 하며, 보수주의 프레임을 강화해서는 안된다. 그것만으로는 별로 충분하지 않다. 진보주의 지도자들은 어떤 당파에서도 벗어나 계속되는 장기적이고 조직적인 전국 캠페인에서 단결하여 — 오늘의 구체적 이슈가 무엇이든지 날마다, 주마다, 해마다 — 진보주의의 가치를 정직하게 대중에게 전달해야 한다.

10. 정보 조작의 덫

일부 진보주의자들은 선거에서 승리하거나 대중의 지지를 얻는 것은 현명한 대중 조작과 매력적인 슬로건——이른바 우리의 '표층 프레임 구성'——의 문제라고 믿는다. 표층 프레임 구성은 심층 프레임 구성——우리의 가장 깊은 신념과 정치적 원리——이 없다면 무의미하다. 심층과 표층 두 층위에서 모두 정직하게 사용된다면, 프레임 구성은 진실을 가시화하고 우리의 가치를 명백히 드러내는 데 유용한 도구가 될 것이다.

반면 여론 조작은 진실을 숨기는, 표층적 언어 프레임의 부정직한 사용이다. 그리고 슬로건이 효과를 미칠 수 있으려면, 먼저 진보주의 가치와 원리들——심층적인 프레임——이 제자리를 잡아야 한다. 슬로건만으로는 아무것도 달성할 수 없다. 보수주의 슬로건이 성공적으로 작용하는 이유는 수십년 동안 자신의 심층 프레임을 전달해오고 있기 때문이다.

11. 정책 담론의 덫

진보주의자들은 자신의 정견을 대중에게 전달하기 위해 시종일관 '노인의료보험 처방약 혜택'(Medicare prescription drug benefits)과 같은 입법부의 전문용어와 관료적인 해결책을 사용한다. 그것보다 진보주의자들은 유권자들의 공통 관심사——예를 들어, 정책이 어떻게 당신의 딸을 대학에 보내도록 해줄 것인가, 또는 정책이 어떻게 당신의 창업을 가능케 할 것인가 — 의 측면에서 정견을 발표해야 한다.

12. 책임 전가의 덫

우리의 문제를 언론매체와 보수주의자의 거짓말 탓으로 돌리기는 쉽다. 실제로 보수주의 지도자들은 꾸준히 거짓말을 해왔으며, 오웰식의 언어를 사용하여 진실을 왜곡해왔다. 정말로 언론매체는 무책임하게 보수주의 프레임을 반복해왔다. 그러나 우리는 그 일을 거의 통제하지 못한다. 단지 우리의 의사소통 방식만을 통제할 수 있을 뿐이다. 단순히 거짓말을 진실로 수정하는 것만으로는 충분하지 않다. 우리는 사람들이 진실을 이해할 수 있도록 우리의 도덕적 시각에서 프레임을 다시 짜야 한다. 우리의 심층 프레임을 대중의 담론 속으로 끌어들이기 위해 이와같이 프레임을 다시 짤 필요가 있다. 만일 미국 전역에서 충분히 많은 사람들이 정직하게, 효과적으로, 꾸준히 진보적 비전을 표현한다면, 언론매체가 우리의 프레임을 채택할 가능성이 훨씬 더 높아질 것이다.

이러한 덫을 살펴보면서 우리 자신이 너무 깊숙이 빠져들었다고 생각할 수도 있다. 로크리지연구소에서는 그렇게 생각하지 않는다. 왜 우리는 낙관하는가? 이 모든 덫에서 벗어날 수 있는 분명한 길이 있기 때문이다. 그 길은 진보주의 비전의 구조를 이해하고, 또한 선거인단의 구조를 이해하는 것이다.

일단 우리가 그 길을 파악하고 나면, 미국의 유권자들이 진보적인 마음을 찾도록 도와주는 일이 훨씬 더 쉬워질 것이다.

⁝2장⁝ 이중개념주의

진보주의자들이 무엇을 말해야 하는지 그리고 그 무엇을 어떻게 가장 잘 말할 수 있는지를 명확히 표현하려면, 먼저 누구에게 말을 걸고 있는지—그리고 누구에게 말을 걸고 싶은지—를 알아야 한다. 이것은 사회운동가나 사회운동가 집단은 물론 진보적인 후보자에게도 적용된다. 이 영역의 진정한 도전은 양면적이다. 첫째, 우리는 부동층 유권자의 마음을 움직이는 동시에 우리의 정치적 기반을 활성화하고 싶다. 둘째, 그렇게 할 때, 우리는 거짓말하거나 곡해하거나 오도(誤導)하거나, 실제는 그렇지 않으면서도 무언가 대단한 존재인 체할 필요가 없기를 바란다.

진의를 숨겨야 한다는 압박감은 부동층 유권자와 '중심'에 대한 어떤 진부한 신화들에서 기인한다. 따라서 우선 많은 종류의 정치적이거나 이념적인 '중심'의 개념을 더이상 사용하지 말자. 그러한 개념은 존재하지 않으며, 오히려 우리가 지니고 있는 개념은 많은 종류의 이중개념이다.

진보주의 세계관과 보수주의 세계관에 대해 말하면, 우리는 모두 이중개념주의자이다. 당신은 삶의 대부분의 영역에서 진보적 가치를 바탕으로 살 수 있다. 그러나 만일 영화 「람보」(Rambo)를 이해한다면, 당신은 **수동적인 보수주의 세계관**을 가졌다. 이 세계관 덕택에 당신은 영화 람보를 이해할 수 있다. 어쩌면 당신은 보수주의자일지도 모른다. 그러나 만일 당신이 「코스비 쇼」(The Cosby Show)를 감상한다면, 당신은 **수동적 진보주의 세계관**을 사용하고 있다. 영화와 텔레비전은 제쳐두고, 우리가 진정으로 관심을 갖는 것은 바로 **능동적인 이중개념주의자들**이다. 그들은 정치적 사고 활동의 영역에서 두 가지 다른 도덕 체계를 함께 사용하는 사람들이다.

이중개념주의는 두뇌의 시각과 신경 계산 기제에서 보면 이해가 된다. 진보주의 세계관과 보수주의 세계관은 상호 배타적이다. 그러나 인간의 두뇌에는 두 세계관이 나란히 존재하며, 각각 상대편을 신경적으로 억압하고 경험의 여러 다른 영역을 구조화한다.[1] 경제적으로는 보수적이면서도 사회적으로는 진보적인 것이나, 진보적인 국내 정책과 보수적인 외교 정책을 동시에 지지하는 것, 시장에 대해서는 보수적인 견해를 가지면서도 시민적 자유에 대해서는 진보적 입장을 취하는 것은 별로 특이하거나 부자연스러운 일이 아니다.

정치적인 이중개념주의자들은 평범하다. 그들 가운데에는 단일 이념을 가지고 있다고 자신을 분류하는 사람들도 있다. 이중개념주의자를 '중도주의자'와 혼동해서는 안된다. 중도주의 세계관이란 결코 없으며, 진정한 중도파는 정말로 거의 없다. 참된 중도파는 선형(線形) 척도를 찾으며, 그러한 척도에서 중간 입장을 취한다. 학교를 개선하기 위해 우리는 얼마나 많은 지출을 해야 하는가? 많은 지출? 적은 지출? '적당한' 양이 바로 참된 '중도파'가 말하곤 했던 것이다. 그러한 사람들이 있을지는 모르지만, 중도는 정치적 이념이 아니다. 서로 다른 전장에서 현저하게 대립하는 두 이념을 사용하는 것도 '중도'의 문제가 아니다. 그것은 이중개념주의이다.

부분적인 보수주의자

코네티컷 주 상원의원 조 리버만(Joe Lieberman)을 생각해보자. 그는 자신을 중도파로 묘사한다. 사실상 그에게 중도적인 면은 거의 없다. 전형적으로 그는 특정 이슈에 대한 중도적 입장의 경계를 명확히 세시하지 않는다. 오히려 그의 정치는 진보적 입장과 보수적 입장을 둘 다 내포하고 있다. 그렇지만 서로 다른 이슈에 대해 그러하다. 바로 이것 때문에 그는 이중개념주의자가 된다. 환경보호와 낙태의 권리, 노동자의 권리를 강력하게 옹호할 때는 그의 진보적 세계관이 출현한다.[2] 신앙 기반 의안(faith-based initiative)과 스쿨 바우처, 특히 현재의 대 이라크 정책을 지지하는 활동과 같은 영역에서는 그의 보수주의 세계관이 드러난다.[3] 그는 보수주의 입장보다 진보주의 입장을 더 자주 취하는 경향이 있기 때문에 우리는 그를 '부분적인 보수주의자'라 칭한다.

많은 자유주의자는 이중개념주의자이다. '냉전 자유주의자들'(cold war liberals)은 진보적인 국내 정책과 보수적인 외교 정책 — 국가의 군사적·경제적·정치적 힘을 증강하기 위한 무력 사용(또는 무력 사용의 위협)에 근거한 — 을 구분하였다. 다른 민주당원들은 경제적인 진보주의자이면서 사회적인 보수주의자이거나, 반대로 경제적인 보수주의자이면서 사회적인 진보주의자일 수 있다. 예를 들어, 노동조합은 진정으로 진보적인 목적을 가지고 있지만, 흔히 엄격한 방식으로 조직화되고 운영된다. '호전적인' 진보주의자들은 흔히 엄격한 수단과 자애로운 목적을 가지고 있는 반면, 예의 바르고 신사다우며 연약한 보수주의자들은 자애로운 수단과 엄격한 목적을 가지고 있다. 수단과 목적 사이의 그러한 괴리는 특이한 것이 아니다.

부분적인 진보주의자

마찬가지로 보수주의 세계관을 지향하는 방대한 범위의 사람들 중 많은 사람들이 '부분적 진보주의자'이다. 만일 우리가 이러한 보수주의자와 의사소통하고자 한다면, 그들이 삶의 극히 중요한 영역에서는 진보적인 도덕 체계로 살아갈 수 있다는 점을 인정해야 한다.

사실, 비록 그들이 자신을 진보주의자 또는 자유주의자로 간주하지 않는다 하더라도, 그들의 진보적인 견해는 그들을 가장 본질적인 면에서 정의하는 속성일 수 있다. '부분적으로 진보적인 보수주의자들'의 더 일반적인 속성 다섯가지를 살펴보고, 그들의 가치가 스스로를 진보주의자로 정의하는 사람들의 가치와 어떻게 어울리는지 살펴보자.

땅을 사랑하는 사람들. 많은 보수주의자들은 사냥꾼과 (오염되지 않은 물에서 고기잡이를 하며 자신이 잡은 고기를 먹을 수 있기를 바라는) 어부일 수 있다. 그들은 자전거 여행자나 도보 여행자, 자신의 가족을 국립공원으로 데리고 가는 야영 여행자일 수 있다. 그들은 땅과 본유적인 관계를 맺고 있는 농부나 목장주일 수 있다. 그들은 성서적 의무를 진지하게 받아들여 지구의 청지기가 되려는 독실한 기독교도일 수 있다. 그들은 결코 자신을 '환경수의자'로 부르지도 않을 것이며, '지속가능성'(sustainability)이나 '생태다양성'(biodiversity)과 같은 어구를 주고받지도 않을 것이다. 그러나 그들은 동일한 가치들, 즉 궁극적으로 진보적인 가치들 중 많은 것을 공유한다.

공산사회주의자. 진보적 공동체를 옳다고 믿는 보수주의자들이 있다. 예를 들어, 전국적으로 자칭 보수주의자들은 흔히 지도자들이 주민들에게 관심을 갖고 책임 있게 행동할 뿐만 아니라, 모든 사람이 서로를 배려하고, 서로에게 애정을 갖고 어려움에 처한 사람을 도우며, 공동체를 위해 봉사를 하고, 보수적 엄격성과 개인주의가 아니라 진보적인 감정이입과 사회적 책임을 강조하는 공동체 — 전원 도시 또는 교외 지역 — 에 산다. 따라서 그들은 총선거 투표 패턴에서는 보수적이지만 자신들의 공동체에서는 진보적일 수 있다.

신앙인. 삶의 어떤 영역에서는 보수적인 상당수 미국인들도 자신의 종교에서는 진보적이다. 예를 들어, 천주교 신자이든 개신교 신자이든 신앙심이 깊은 기독교도들이 예수 그리스도의 가르침에 따라 삶을 살아야 한다 — 가난한 사람을 돕고, 굶주린 자를 먹이고, 병든 자를 치료하고, 죄지은 자를 용서하고, 다른 한쪽 뺨마저 대주어야 한다 — 고 믿는다면, 그들의 마음은 진보적이다. 그들은 하나님을 엄격하고 징벌하는 하나님이 아니라 자애롭고 사랑이 많은 하나님으로 볼 가능성이 높다. 심지어는 (카터 전 대통령과 같은) 복음주의자도 흔히 진보적이다.

사회적 의식이 있는 기업인. 자신의 회사 운영 방식을 진보적이라고 여기든 그렇게 여기지 아니하든, 많은 보수적인 기업가들이 회사를 진보적으로 운영한다. 그들은 종업원에게 친절하게 대하고, 최저 임금을 지불하고 상당한 복지 혜택을 제공하며, 환경이나 자신의 고객에게 피해를 끼칠 생각은 아예 하지도 않는다. 그리고 다른 기업들도 단순한 이익의 극대화나 법 규정 준수를 넘어서 도덕성을 실천해야 한다고 믿는다.

　정치적 자유의지론자.* 미국의 가장 열성적인 정치적 자유의지론자들 중 일부는 자신을 보수주의자나 단순히 자유의지론자로 분류한다. 그들은 권리장전, 특히 미국 헌법 제4조 수정 조항이 옳다고 믿는다. 그들은 자신들의 프라이버시가 보호받기를 원하며, 정부가 자신을 염탐하거나 개인의 도덕적 결정이나 성생활을 침해하는 것을 원치 않는다. 그들은 언론의 자유와 결사의 자유를 원하며, 종교와 정치의 분리를 원한다. 그들은 경찰의 공권력을 통제하기를 원하며, 법원의 강력한 보호를 원한다. 개인적 자유의 이슈에 대해 그들은 진보적 도덕성을 따른다.

　이것을 이해하면, 진보주의자들은 실제적인 공유 가치에 근거하여 부동층 유권자와 의사소통할 수 있는 강력한 방식을 펼칠 수 있다.

신화적 중심

　널리 알려진 이념적 '중심'에의 집착으로 인해, 수년 동안 이중개

---

*근본적인 시민적 자유(언론·집회·표현·종교의 자유 등)와 시민적 권리(미국 헌법이 보장하는 권리)를 보호하는 데 많은 관심을 지니고 있는 사람을 말한다. 그들은 근본적으로 사적인 자기 결정권에 따라 약물의 사용이나 포르노가 합법적이어야 한다고 주장한다.

넘주의자에 대한 이 중요한 이해에 정확하게 도달하지 못했다. 진보주의자이든 보수주의자이든 승리하기 위해서는 이들의 표를 필요로 한다. 이념적 중심의 신화는 수많은 형태로 나타나는데, 이러한 형태는 비생산적인 정치적 전략으로 이어진다.

이념적 중심의 네 가지 주요한 신화 — 라벨 신화(Label myth), 선형 신화(Linear myth), 중도 신화(Moderate myth), 주류 신화(Mainstream myth) — 는 모두 사람들이 이슈에 대한 후보자의 견해를 근거로 투표한다고 가정한다. 반면에 이중개념주의 이론은 사람들이 워슬린 이론 (제1장 참조)에 따라 투표한다고 가정한다. 가치와 인간관계, 진정성, 신뢰에 근거하여, 그리고 가치를 반영하기 위해 상징적으로 사용된, 이슈에 대한 정체성을 바탕으로 투표한다고 가정한다.

라벨 신화는 가장 공허하다. 이 신화는 유권자들에게 자유주의자, 중도파, 보수주의자라는 세 라벨 중의 하나를 자신에게 할당하도록 요구한다. 이 라벨들에는 아무런 내용이 없을뿐더러 경험적으로도 공허하다. 어떤 주목할 만하거나 정의 가능한 '중도' 이념이나 세계관도 없다. 즉 '중도파들'이 믿는 것에는 어떤 일관성도 없다. 그것은 단지 자기 분류의 라벨일 뿐이다. 중도파 민주당원 윌리엄 갤스턴(William Galston)과 일레인 카마크(Elaine Kamarck)는 '양극화의 정치'라는 널리 공포된 보고서에서 이 이론을 채택한다.[4] 그들은 2004년에 나온 자기 분류 비율 — 자유주의자 21%, 중도파 45%, 보수주의자 34% — 을 이용하여, 자신을 '자유주의자'라고 분류했던 사람들은 진보적인 이념을 가지며 자신을 '보수주의자'로 분류했던 사람들은 보수적인 이념을 갖는다고 가정한다. 그들의 주장에 따르면 이것은 전형적인 자유주의 자들이 계속 자신의 가치에 충실하다면, 충직한 진보주의자들을 제외하고는 어느 누구도 설득하지 못할 것이라는 것을 의미한다. 따라서 승리하기 위해서는 절대 다수의 중도파를 필요로 하는 진보주의자들이 이슈를 바탕으로 '가운데'로 옮겨 '중도파'를 더 많이 끌어안아야 한다는 것이다.

표면상 이것은 합리적으로 보일 수 있다. 그러나 그들의 방법론에 중대한 문제—심리학자들이 수십년 동안 다루어오고 있는 문제—가 있다. 즉 자기 분류와 개인의 인지 사이에는 차이가 있다는 것이다. 예를 들어, 자신을 '게이'나 '레즈비언'으로 분류하는 사람 수의 증가와 상관관계가 있는 성적 지향에는 어떤 실제적인 변화도 없었다. 그 대신 그 라벨에 대한 태도의 변화가 있었다.

마찬가지로 최근 몇년 동안 보수주의자들은 '자유주의자'라는 낱말에 부정적 이미지를 덧씌웠다. 2004년 여론조사에 반영된 것은 미국인들의 실제 믿음이 아니라, 바로 이 부정적 이미지이다. 아마도 '중도' 라벨에는 정반대의 사실이 적용될 것이다. '중도파'는 합리적이며 편향적이지 않고 온화하며 균형 잡힌 것으로 간주된다. 이것들은 모두 긍정적인 함축이다. 이 긍정적 함축이 바로 사람들이 왜 진보나 보수의 라벨이 아니라 중도의 라벨을 선택하는지 그 이유를 설명해준다. 이 함정으로부터 벗어나는 한 가지 방법은 유권자들의 자기 분류 라벨은 물론 그들의 세계관과 가치를 세심하게 탐구하는 것이다. 비록 몇몇 예외가 있기는 하지만, 유권자의 인식에 대한 그러한 경험적 접근은 진보주의 여론조사 활동에서는 거의 사용되지 않는다.

선형 신화에 따르면 '중심'은 미심쩍은 은유에 근거하고 있다. 그 은유에서는 시민들이 좌에서 우로 정렬되어 있는데, 어떤 시민들은 좌우극에 있고 다른 시민들은 양극단 사이에 있다. 그리고 그들의 위치는 개별 이슈들에 대한 자신의 입장에 의해 결정된다. 이 신화는 '중심'의 개념 뒤에 숨어 있으며, 진보주의자들이 승리하길 원한다면 오른쪽으로 이동해야 하고 자신들의 진보적 이념을 포기하거나 숨겨야 한다는 믿음을 조장한다. 이론적으로는 오른쪽으로 이동하면 후보자는 자신의 왼쪽에 더 많은 유권자를 남기게 되고 더 '중도적'으로 보이게 된다. 이것은 진보적인 비전과 타당한 진보적 언어로 부동층 유권자들의 부분적인 진보주의 정체성을 활성화하는 것이 최선이라는 이중개념주의 입장과 정면으로 배치된다.

선형 신화가 야기하는 전략적인 — 또한 윤리적인 — 문제는 매우 심각하다. '오른쪽으로 이동하는 것'은 진정성을 잃는 것을 의미하며, 유권자들은 진정성이 결여되었다는 것을 알아차릴 수 있다. 이것은 당신의 정치 기반을 허무는 것을 의미한다. 이것은 보수주의 이슈와 가치에 의탁하는 것을 의미한다. 보수주의자들의 성공이 '왼쪽으로 이동한' 결과가 아니었다는 점을 명심하라. 그들은 보수주의 세계관을 활성화함으로써, 즉 자신들의 정치 기반의 언어로 말하고 자유주의자들을 냉소적으로 공격하여 자유주의 세계관을 억제함으로써 성공을 거두었다.

　중도 신화는 당신이 곰곰이 생각해볼 때까지는 건전하게 들린다. 중도 신화는 자신들의 삶에서 온건하게 행동하는 사람들 — 합리적이고, 공정하고, 절제하고, 냉철하고, 균형 잡힌 사람들, 즉 이 길이든 저 길이든 너무 멀리 가는 것을 원치 않는 사람들 — 이 중용에 의해 구조화되는 정치적 세계관을 가지고 있으며, 다양한 척도에서 중앙을 선택한다고 말한다. 그러나 당신이 이것을 진지하게 받아들이는 순간, 그러한 정치적 세계관은 결코 존재하지 않는다는 것이 분명해진다. 즉 가능한 모든 이슈가 선형적 척도 위의 점이고 중도파들이 모든 척도에서 중앙에 있다는 일관성 있고 모순 없는 정치적 계산은 결코 없다. 첫째, 많은 경우들이 예/아니오의 문제이지, 결코 척도가 아니다. 몇가지 예를 들어보자. 사형은 존재해야 하는가? 당신은 어떤 사람을 오직 조금만 죽이거나 중간 정도만 죽일 수 없다. 낙태는 합법적이어야 하는가? 어떤 사람이 중도적으로 낙태한다는 말은 무엇을 의미하는가? 자살을 도와주는 것은? 중도는 무엇을 의미하는가? 삼진아웃은? 오진아웃을 선택하는 것이 중도인가? 북극야생생물 국가 보호 지역에서의 군사 훈련은? 심지어 '적당한' 훈련조차도 훈련이다. 결코 중간적인 것은 없다. 자신을 '중도파'로 분류하는 사람들은 중도적인 사람이 아니라, 오히려 어떤 이슈 영역에서는 보수적이며 다른 이슈 영역에서는 진보적인 이중개념주의자로 보인다.

마지막으로, 주류 신화는 특정한 이슈를 여론조사로 결정하는 것과 같은, 여론의 실제 중심이 있다고 가정한다. 진보적 시사평론가인 데이비드 씨로타(David Sirota)는 이 신화를 다음과 같이 예시한다.

예를 들어, 대 이라크 전쟁에 대한 여론조사는 대다수의 미국인이 군대 철수 일정표를 원한다는 것을 보여준다. 경제 정책에 대해서는 대부분의 미국인들이 국민을 보호하기 위한 더 강력한 정부 규제를 지지한다. 무역에 대한 여론조사는 중산층 약화를 초래한 자유무역 협정을 대중이 널리 불신한다는 것을 보여준다. 그리고 의료보호에 대한 여론조사는 설문에 응한 사람들의 대략 3분의 2가 정부 보중의 전국민건강보험 제도—비록 이 제도가 세금 인상을 가져온다 해도—를 원한다는 것을 보여준다.[5]

중도파에게 중도적 사고 양식을 되돌리면서, 씨로타는 실제 주류가 이러한 믿음을 지닌 사람들로 구성되어 있으며, 진보주의자들이 이 여론조사를 받아들여 주류 유권자와 같은 입장을 취해야 승리할 수 있다고 주장한다. 그렇지만 2.3명의 자녀를 둔 가정을 찾는 것이 어려운 것과 마찬가지로, 충분히 많은 이슈를 살펴본다면, 당신은 다수의 미국인이 지지하는 모든 개별 이슈를 지지하는 어떤 사람을 실제로 찾을 수는 없을 것이다. 이것은 여러 여론조사에 반영된 다른 입장들을 연결하는 어떤 이념—어떤 세계관—도 없기 때문이다. 그것은 단지 이슈에 대한 입장들의 목록, 즉 수리 계산의 결과물에 불과하다. 앞에서 예시한 것처럼, 아주 많은 유권자들이 이 신화적인 주류와 비슷한 것이 아니라, 이중개념주의자들이다.

부동층 유권자 설득

정치적 실재는 이 신화들 중 어떤 것보다도 훨씬 더 복잡하다. 이중개념적인 '중심'은 실제로 부분적 보수주의자와 부분적 진보주의자, (삶의 비정치적인 여러 영역에서는 이중개념주의자이지만 자신의 정치를 지배하는 어떤 고정된 도덕관도 가지고 있지 않은) 우유부단한 사람들을 포함한다. 지금까지 보수주의자들은 '중심'을 이런 식으로 이해했으며, 또한 이중개념주의자들이 두가지 세계관을 다 가지고 있다고 이해한다. 보수적인 언어를 사용함으로써, 그리고 그 언어를 계속 반복함으로써, 보수주의자들은 자신들의 정치적 기반뿐만 아니라 부분적 보수주의자에게서도 더 심오한 보수적 가치를 활성화힌다. 또한 그들은 자유주의에 대항하는 언어를 사용하며, 진보적 가치들을 억압하기 위해 그러한 언어를 반복한다. 이 전략을 사용하는 보수주의자들은 자신의 가치나 진정성을 포기하지 않는다. 보수주의자들이 해야 하는 일은 지지자들에게 말하는 것과 동일한 방식으로 '중심'의 유권자들에게도 말하는 것뿐이다.

진보주의자들도 똑같이 할 수 있다. 그들도 자신들의 정치적 기반이 되는 지지자들에게 말하는 것과 동일한 방식으로 '중심'의 유권자들에게 말할 수 있으며, 이중개념적인 방식으로 진보적 가치와 프레임을 활성화할 수 있다. 이것은 자신의 정치적 기반을 보호하며, 부분적으로 진보적인 보수주의자들의 진보적 가치는 물론 아직 결정하지 못한 이중개념주의자들의 진보적 가치도 활성화한다. 간단히 말해, 진보주의자들은 진보적 가치들을 포기하지 않고서도 중간층의 유권자들을 효과적으로 공략할 수 있다.

또 한가지 언급해야 할 사항은 정치 공작원들도 역시 단일 쟁점 유권자들—어떤 한 이슈에 대해 주로 어떤 정치가의 입장을 바탕으로만 투표하는 사람들—의 이념에 의존해왔다는 점이다. 이것은 사람들이 이슈가 아니라 가치에 근거하여 투표를 한다는 생각과 배치되지 않는다. 오히려 우리가 발견한 것은 문제의 그 단일 쟁점이 거의 언제나 더 넓은 문화적·정치적 가치를 상징한다는 점이다. 그 실례는 진보적인 가톨릭교인들이 낙태 반대 보수주의자에게 투표하는 것과, 진보적인 유대인들이 대 이라크 전쟁을 이스라엘 지지로 보고 전쟁 이슈에 대해서는 보수적인 공화당 후보자에게 투표하는 것 등이다. 반면에 자신이 엄격한 아버지 세계관을 지지한다는 이유로 '도덕적 이슈' 유권자들은 낙태나 동성 결혼을 지지하는 경향이 있다.

당신이 신봉하지 않는 입장을 취하여 이러한 단일 쟁점 유권자의 비위를 맞추려고 애써보아야 역효과를 낼 가능성이 매우 높다. 왜냐하면 이 이슈는 당신에게 없는 더 거대한 가치 체계를 활성화할 것이기 때문이다. 따라서 우리는 진정성이라는 아주 중요한 주제를 살펴보아야 한다.

진정성

이러한 신화가 주는 교훈은 간단하다. 진정성을 갖고 당신이 참으로 믿는 것을 충실히 따르라. 당신의 입장을 당신이 신봉하지 않는 입장으로 바꾸면 당신 본연의 모습이 사라지며, 그것은 결함이 있고 비효율적인 전략이다. 물론 진정으로 이중개념주의자이며 부분적으로 보수적인 진보주의자들도 있다. 여기서도 역시 정직—그리고 진정성—이 최선의 방책이다. 보수적 시각이 어떤 이슈 영역에 더 합당하다고 믿는다면, 그런 당신의 입장을 옹호하라. 그러나 당신의 입장을 옹호할 때, 당신의 더 커다란 가치와 세계관을 가장 잘 표상하는 언어 프레임을 사용하라.

유권자들 사이에 이중개념성이 널리 퍼져 있기 때문에, 우리는 이슈 정치에서 실용주의가 수행하는 역할을 살펴보아야 한다. 정치적 실용주의자는 두 종류로 나뉜다. 둘 다 기꺼이 타협을 하지만, 서로 다른 이유 때문에 그렇게 한다.

진정성이 있는 실용주의자는 당신이 옳다고 생각하는 모든 것을 다

얻을 수는 없다고 인식하지만, 당신은 협상을 통해서 그것의 많은 부분 또는 대부분을 얻을 수 있다. 진정성이 있는 실용주의자는 자신의 가치를 충실히 따르며 그 가치를 최대로 충족시키기 위해 활동한다. 반면에 진정성이 없는 실용주의자는 정치적 이익을 위해서 자신의 참된 가치로부터 기꺼이 이탈한다.

비록 두 종류의 실용주의자가 동일한 방식으로 투표할 수 있지만, 정치 지도자로서의 그들의 세계는 완전히 다르다. 진정성이 있는 실용주의자는 일관성 있는 도덕적 비전을 유지하지만, 진정성이 없는 실용주의자는 자신의 도덕적 비전을 포기한다.

워슬린이 발견한 것처럼, 정치에 있어서 진정성은 중요하다. 진정성을 포기할 때, 당신은 당신의 가치를 포기하고, 결국 신뢰를 포기하게 된다.

당신의 가치가 현재 인기를 얻지 못하더라도 진정성을 유지한다는 것은 당신에게 용기가 있음을 뜻한다. 용기가 있다는 것은 현명하지 못하다는 것을 의미하지 않으며, 자신의 선거구민들에게 상처를 주는 것을 의미하지도 않는다. 이 책은 용기 있는 사람들이 프레임 구성을 이해하도록 하여 그들의 성공을 돕고자 한다.

:3장: 프레임과 뇌

　'프레임 구성'이 주로 정치나 정치적 메씨지 전달, 의사소통에 대한 것만은 아니다. '프레임 구성'은 그보다 훨씬 더 근본적이다. 프레임은 인간에게 실재를 이해하도록 해주며 때로는 우리가 실재라고 여기는 것을 창조하도록 해주는 심적 구조이다.

　그러나 프레임을 발견하고 사용하는 것은 정치와 매우 밀접한 관련이 있다. 미디어가 지배하는, 급변하는 화제 중심의 성지 문화를 고려할 때, 프레임 구성의 본성과 프레임 구성이 어떻게 사용될 수 있는지를 이해하는 것이 중요하다.

　정치적 프레임 구성은 실제로 응용 인지과학이다. 프레임은 세계에 대한 우리의 가장 기본적인 상호작용을 가능하게 한다. 즉 프레임은 우리의 아이디어와 개념을 구조화하고, 사유 방식을 형성하며, 심지어 지각 방식과 행동 방식에도 영향을 준다. 대부분의 경우에 우리는 프레임을 무의식적으로 그리고 자동적으로 사용한다. 즉 우리는 프레임을 제대로 파악하지 않은 채 사용하는 것이다.

저명한 사회학자 어빙 고프만(Erving Goffman)은 프레임과, 그것이 세계와 우리의 상호작용을 구조화하는 방식에 가장 먼저 주목한 사람들 중의 하나였다. 고프만은 병원이나 카지노와 같은 기관과, 데이트나 쇼핑과 같은 관습화된 사회적 행동을 면밀히 조사했다. 그는 아주 주목할 만한 발견을 했다. 즉 사회 기관이나 사회적 상황이 심적 구조(프레임)에 의해 형성되고, 이것은 다시 그러한 기관이나 상황에서 우리의 행동 방식을 결정한다는 것을 발견한 것이다.[1]

이 현상을 기술하기 위해, 고프만은 '삶은 연극'이라는 은유를 사용했다. 예를 들어, 의사, 외과의사, 간호사, 병원잡역부, 환자, 방문객, 접수원, 건물관리인 등 명확하게 정의된 역할이 있는 병원 프레임을 살펴보자. 수술실, 응급실, 회복실, 대기실, 입원실 등 이야기가 펼쳐지는 장소가 있다. 수술대, 외과용 칼, 붕대, 휠체어 등 소도구가 있다. 그리고 수술, 체온과 혈압 측정, 차트 점검, 배뇨통 비우기 등 관습적인 행동이 있다.

병원 프레임은 또한 내적 논리를 지니고 있다. 역할들 사이에 정해진 관계와 위계가 있기 때문이다. 예를 들어, 의사는 간호사의 상급자이며, 간호사는 잡역부의 상급자이다. 모든 외과의사는 의사이지만, 반대로 의사가 모두 외과의사는 아니다. 외과의사는 수술실에서 수술을 집도한다.

반대로 어떤 행동은 병원 프레임에서 배제된다. 병원 프레임이 무엇이 적합하고 무엇이 적합하지 않은지를 결정하기 때문이다. 예를 들어, 병원잡역부나 방문객은 수술을 집도하지 않는다. 외과의사는 배뇨통을 비우지 않는다. 수술은 대기실에서 하지 않는다. 방문객은 환자에게 꽃을 가져다준다. 그러나 외과의사는 병원잡역부에게 꽃을 가져다주지 않는다.

이 씨나리오에는 논리와 선형적 순서도 있다. 먼저 당신은 등록창구에서 접수를 한다. 그 다음에 수술하기 위한 예비 치료를 받는다. 그리고 수술을 받는다. 방문객은 수술이 끝난 뒤 방문을 허락받는다. 수술하고 난 뒤에 접수하는 행위는 이 프레임에서 배제된다.

우리 모두는 데이트하기로부터 버스타기, 현금인출기에서 돈 인출하기, 식당에서 식사하기에 이르기까지 일상의 관습화된 활동에 대해 수천개의 프레임을 가지고 있다. 많은 프레임이 해당 프레임 밖에서는 무의미한 언어 ─ 외과의사, 응급실, 웨이터, 버스운전사, 비밀번호 등 ─ 를 수반한다. 수술이 없다면 외과의사의 존재는 무의미할 것이다. 이와 마찬가지로 식당 밖에서는 웨이터의 존재가 무의미할 것이다.

마찬가지로, 프레임은 우리의 정치제도 ─ 선거, 사법부, 입법 조직과 행정 조직 ─ 를 구조화한다. 대법원을 정의하는 프레임에서 의미역할은 대법원장과 8명의 동료 대법관을 포함한다. 이 씨나리오는 사건의 심문과, 사건에 대한 평결, 의견서 작성이 차례대로 진행되는 구조를 포함한다. 소도구에는 법복과 법원 청사, 의사봉 등이 포함된다.

때때로 정치적 논쟁은 프레임들이 어떻게 상호작용하는지 그리고 한 프레임이 다른 프레임보다 더 우선권을 갖는지와 관련이 있다. 연방수사국이 부패의 증거를 찾으려고 국회의원 사무실을 수색할 수 있는가? 즉 행정 프레임이 의회에 대해 사법적 집행 권한을 갖는가?

프레임 구조는 또한 더 작은 규모로도 나타난다. 세계적으로 위대한 언어학자 찰스 필모어(Charles Fillmore)는 일상적 프레임이 문장 층위에서 어떻게 작용하는지를 살펴보았다. 예를 들어, 동사 'accuse'(고소하다)는 원고와 피고, 범죄, 고소의 의미 역할을 지닌 고소 프레임을 참조하여 정의된다. 원고와 피고는 사람(이나 법인과 같은 은유적인 사람)이고, 범죄는 어떤 행동이고, 고소는 화행(話行), 특히 선언이다. 원고는 그 범죄를 나쁘다고, 즉 불법적이거나 비도덕적이라고 생각하며, 피고가 실제로 그 범죄를 저질렀다는 것을 공표하고 있다.

예를 들어, 'The Democrats accused Bush of illegal spying on U.S. citizens.'(민주당원들은 미국 시민에 대한 불법감시로 부시를 고소했다)라는 문장을 생각해보자. 원고는 민주당원이고, 피고는 대통령이며, 범죄는 미국 시민에 대한 불법적인 감시이고, 고소는 선언의 화행이다. 동사 'accuse'(고소하다)는 두 개의 진술, 즉 선언되는 진술과 전제되는 진술로 나뉜다. 원고는 그 범죄가 해롭다고 (불법적이라거나 비도덕적이라고) 전제하며, 피고가 그 범죄를 실제로 저질렀다고 선언하고 있다.

'불법감시'라는 낱말도 역시 프레임을 수반한다. 이 프레임에는 감시하는 사람과 감시당하는 사람, 염탐하는 행동이 있다. 염탐하는 행동은 감시자가 감시당하는 사람의 죄를 입증하는 정보나 전략상 유용한 그 사람의 정보를 수집하는 비밀스러운 시도이다. 감시자의 임무는 어떤 사람의 활동을 감시하는 것뿐만 아니라, 의심스럽거나 유죄로 해석될 수도 있는 어떤 것이라도 활발하게 찾아내는 일이기도 하다. 간단히 말해서, 감시자는 자기 고유의 프레임 구성을 감시당하는 사람의 일상 활동에 적용하고 있다. 활동을 하는 사람의 시각에서는 '무해한' 활동이 감시자에게는 수상하거나 불법적인 것일 수 있다.

'민주당원들이 미국 시민들에 대한 불법감시로 부시를 고소했다'라는 문장에서 흥미로운 점은 부시가 감시활동이 있었다는 사실을 부인하지 않았다는 것이다. 부시는 자신이 총사령관으로서 임무의 일부를 수행한 것은 불법적이거나 비도덕적이지 않고, 결코 해롭지 않았으며, 오히려 바람직한 일이었다고 옹호한다. 그러면서 부시는 이 프레임의 전제를 수용하기보다는 이 프레임을 훼손하려고, 즉 이 프레임을 부적합하게 만들려 한다.

고프만의 기관 프레임과 필모어의 문장 프레임은 동일한 구조—의미 역할들, 그리고 의미 역할들 사이의 관계, 전형적 씨나리오—를 가시고 있다.

프레임 구성에 대한 인지과학과 인지언어학의 방대한 연구는 우리 삶의 일상적 국면만을 다룬다.[2] 로크리지연구소에서는 프레임 구성에 대해, 그리고 정치에 대한 프레임 구성의 적합성에 문제를 제기하는 데 연구의 핵심적인 초점을 맞춘다. 어떻게 언어학과 인지과학의 발견을 정치에 적용할 수 있는가? 프레임 구성이, 대중들 모르게 정치적 목적을 충족시키는 데 조금이라도 사용되는가? 프레임을 재구성함으로써 정치적 이슈에 대한 중요한 사실을 밝히는 데 도움을 줄 수 있는가?[3]

심층 프레임: '테러와의 전쟁'

과거 35년에 걸쳐 보수주의자들은 40억 달러 이상을 들여 우파 지식인이 운영위원으로 있는 수십개의 정책연구소와 교육기관의 체계를 구축했다. 보수주의자들은 이슈의 프레임 구성을 성공적으로 지배했으며, 그 과정에서 미국 정치에 심중한 변화를 가져왔다.

보수주의자들이 지금까지 이것을 수행한 방식은 '테러와의 전쟁'과 연관된 심적 구조와 같은 표층 프레임을 효율적으로 사용하는 것이었다. 이러한 프레임은 어휘적 프레임 — 일상적 의미의 '전쟁'(war)이나 '테러'(terror)와 같은 낱말과 연결된 개념적 프레임 — 을 최대한 활용한다. 표층 프레임은 심층 프레임을 활성화하고 또한 심층 프레임에 크게 의존하는 '테러와의 전쟁'과 같은 어구와 연관된다. 이것들은 도덕적 세계관이나 정치 철학을 형성하는 가장 기본적인 프레임들이다. 심층 프레임은 사람의 전반적인 '상식'을 정의한다. 심층 프레임이 없다면, 표층 프레임이 의존할 수 있는 것은 하나도 없다. 적절한 심층 프레임이 작동하지 않는다면 슬로건은 의미가 통하지 않는다.

'테러와의 전쟁' 프레임을 더 자세하게 살펴보면 이것을 예증하는 데 도움이 된다. 미국의 대중은 이 보수적 프레임의 중요성을 거의 파악하지 못했다. 9·11 테러의 직접적인 여파로 테러리스트들의 행위를 국제 경찰의 문제로 다루자는 간단한 논의가 있었다. (한 예로 콜린 파월(Colin Powell) 국무장관이 이를 암시했다.[4]) 즉 국제형사법정으로 그 테러 행위를 가져가 오사마 빈 라덴과 여타의 알 카에다 요원들을 기소하고, 그들을 찾아내기 위해 국제적인 동맹을 맺고, 외교와 정보 수집에 우리의 자원을 쏟아부으며, 필요하다면 우리 군을 '치안 활동'을 위해 사용해야 한다는 논의를 했다. 간단히 말해서, 반인류 범죄로 빈 라덴을 기소하여 합당한 벌을 주어야 한다는 것이었다.

이 의견은 오래가지 않았다. 바로 그후에 부시 행정부와 우익 선전 기구는 '테러와의 전쟁'을 선동하기 시작했다. '전쟁'과 연결된 개념적 프레임은 군대와 전투, 도덕적 십자군, 총사령관, 영토의 점령, 적의 항복, 부대를 지원하는 애국자라는 의미 역할들을 가지고 있다. '전쟁'은 군사적 행동의 필요성을 암시한다. 전쟁을 수행 중일 때 다른 모든 관심사는 이차적이다.

'테러'에 '전쟁'이 더해질 때, '테러'가 대치하는 적이 되는 은유가 생겨난다. 다른 어떤 전쟁에서와 마찬가지로 '테러와의 전쟁'에서도 적은 제압해야 한다. 그러나 실제로 '테러'는 적이 아니라 마음의 상태이다. 그렇기 때문에 '테러'는 전쟁터에서 제압할 수 없다. '테러'는 감정이다. 더욱이 '테러와의 전쟁' 프레임은 그 자체가 영구적이다. 단순히 전쟁 중이라는 것만으로도 시민들은 두려움을 느끼게 되고, 그 프레임의 반복은 더 많은 두려움을 야기한다. 그래서 '테러와의 전쟁'에는 끝이 없다. 감정은 영원히 체포하거나 굴복시킬 수 없기 때문이다.

'테러와의 전쟁' 프레임의 전략적 강점은 '전쟁'이 또한 헌법 제2조를 환기하고, 총사령관으로서 대통령에게 방대한 권한을 부여한다는 점이다. 이 프레임 덕택에 군대는 본질적인 경찰 역할, 즉 범죄자를 법정에 세우는 역할을 수행할 수 있다. 이 프레임은 정당한 절차를 부정한다. 전쟁 중에 적은 죄인이며, 따라서 쏘아 죽여야 한다고 가정하기 때문이다.

이것은 강력한 표층 프레임으로 광범위한 일련의 함축을 갖는다. 그렇다면 '테러와의 전쟁'이라는 어구가 사람을 정말로 오도하고 있음에도 불구하고 왜 널리 퍼졌는가? 그리고 왜 오늘까지도 지속되고 있는가?

'테러와의 전쟁' 어구는 보수적인 심층 프레임에 의존하기 때문에 성공적으로 작용한다. 어떤 것이 '반향을 일으키거나 의미가 통할' 때, 그것은 당신의 심층 프레임과 교감한다. 보수주의자들은 오랫동안 외교정책을 수립할 때 군대를 사용할 수 있다 — 사용해야 한다 — 고 생각해왔다. 힘은 바로 군대의 크기와 역량이기 때문이다. 보수주의자들은 범죄의 체계적 원인을 고려할 필요 없이 비행을 저지르는 사람은 처벌한다는 인과응보성 범죄 정책을 내세웠다. '테러와의 전쟁'은 이러한 심층 프레임을 활성화한다. 그리고 보수적 심층 프레임이 아주 널리 퍼져 있기 때문에 정치가와 미디어, 대중은 계속해서 그 어구를 사용한다.

만일 사람들의 마음속에 진보적 심층 프레임이 선명하게 자리잡고 있었다면, 그들은 '테러와의 전쟁' 개념을 결코 이해하지 못했을 것이다. 만일 우리가 우리의 힘을 국제적인 합의를 이끌어내고 동맹을 맺는 외교적 능력으로 간주했다면, 그리고 군사적 조치를 통한 민간인 살상이 더 많은 테러리스트를 만들어내고 더 많은 테러 활동을 조장한다고 인식했다면, 이 문제를 해결하기 위해 군에 의존하지 않았을 것이다. 9·11 테러 때에 진보적 심층 프레임이 널리 퍼져 있었더라면, 미국인들은 '테러와의 전쟁'을 문자적 행동 지침이 아니라 '빈곤과의 전쟁'과 같은 강력한 은유로만 여겼을 것이다. 또한 그것을 조직화된 국제적 범죄와 같은 주요한 범죄 문제로 간주하고, 은행 계좌 추적이나 조직 내부에 스파이 심기 등과 같이 가장 효과적인 수단을 사용하여 범죄자들을 법정에 세우려고 시도했을 것이다.

심층 프레임 구성—도덕적 가치와 원리의 프레임 구성—의 중요성은 아무리 강조해도 지나치지 않다. 심층 프레임 구성은 장기 과제이며, 표층 프레임을 사용하는 단일 이슈나 후보자를 위한 단기 메씨지를 다듬는 것과는 완전히 다르고, 또한 그것보다 더 중요하다. 장기적 심층 프레임이 정립되지 못하면, 단기적인 슬로건은 근거로 삼을 구조가 없어진다. 그러한 슬로건은 심층 프레임을 강화하지 않기 때문에 확산되지 않는다. (로크리지연구소 운영진은 한 지지자나 풀뿌리 집단을 위해 어떤 단일 이슈에 대한 메씨지를 만들어달라는 요청을 받을 때 가장 심한 좌절을 경험한다. 가치 진공 상태의 슬로건이나 어구가 별로 효과가 없다는 것을 설명해주기 힘들기 때문이다.)

그렇다면 심층 프레임은 어떻게 대중의 마음속에 자리잡게 되는가? 새로운 심층 프레임을 심으려면, 당신의 가치와 원리를 계속 반복해서 대중의 마음을 지속적으로 공략해야 한다. 단 한번의 광고 캠페인이나 단일 집단, 단 한번의 선거를 통해서는 새로운 심층 프레임이 자리잡을 수 없다. 새로운 심층 프레임의 정립은 '전략 회의실'의 일부, 즉 '신속 반응' 처리로 나타날 수 없다. '신속 반응' 처리는 본래 선도적이 아니라 반응적이기 때문이다. 새로운 프레임의 정립은 장기간에 걸쳐, 준비된 계획에 따라, 그리고 아마도 많은 단기 캠페인의 일부로 진행되어야 한다. 그리고 그것은 다양한 이슈 영역에서 조화롭게 활동하는 많은 단체에 의해 이루어져야 한다.

'세금 구제'와 같은 표층 프레임에 대한 더 많은 논의는 『코끼리는 생각하지 마!』(*Don't Think of an Elephant!*)를 읽어보거나 우리의 웹싸이트 www.rockridgeinstitute.org를 참조하길 바란다.

이슈 정의 프레임: 이라크와 이민

프레임은 사회제도를 구조화하고 정의한다. 마찬가지로 프레임은 이슈도 정의한다. 이슈 정의 프레임은 문제의 특성을 규정하고, 책임 소재를 결정하며, 가능한 해결책을 통제한다. 더 중요한 것은 당면한 관심사가 이슈 정의 프레임 밖에 있을 때, 그 프레임이 그러한 관심사를 차단한다는 점이다.

이슈 정의 프레임은 중간적 심도(深度)를 갖는다. 즉 이슈에 대한 슬로건을 개념화하는 표층 프레임, 그리고 여러 이슈에 걸쳐 있는 가치와 원리, 근본적인 개념을 다루는 심층 프레임 사이에 존재한다.

이슈 정의 프레임의 현재 진행 중인 실례로 이라크를 살펴보자. 보수주의자들은 지금까지 프레임 구성 주도권을 쥐고 있으며 이것을 계속 '전쟁'이라 부른다. 이 프레임은 특히 미국이 오직 선한 싸움만을 한다는 일상적 이론을 고려할 때 매우 사실적인 함축을 갖는다. 이라크에서 현재 일어나고 있는 일이 전쟁으로 간주된다면, 우리가 어떻게 그리고 왜 참전했는지에 상관없이 그것은 정당한 전쟁이어야 한다. 그것은 악에 대항한 전쟁이어야 한다. 그렇지 않으면 우리는 참전하지 않았을 것이다. 그리고 우리는 그 전쟁이 아무리 힘들다 해도 최후까지 싸워야 한다.

'전쟁' 프레임에서는 '황급히 도망치기'—군부대를 철수하거나 일정을 정하거나 적어도 이라크에서의 목표를 설정하라는 합리적인 제안에 대한 전형적으로 보수적인 반응—가 적용된다. 다음은 '황급히 도망치기'와 연결되는 개념적 프레임이다.

악에 대항한 싸움이 진행되고 있다. 싸움에는 용기와 담력이 필요하다. 대의에 완전히 헌신하는 사람들은 용기 있는 사람들이다. '황급히 도망치는' 사람들은 도덕적 대의가 아니라 오직 무사히 도망치는 데만 관심이 있다. 그들은 겁쟁이다. '황급히 도망치기' 방식은 도덕적 명분은 물론 이 명분을 위해 싸우고 있는 용감한 대원들의 목숨을 위태롭게 한다. 용기 있고 신념 있는 사람들은 일어서서 싸운다.

'전쟁' 프레임은 이라크에서 일어나고 있는 일을 정의할 뿐만 아니라, 그 해결책을 통제한다. 전쟁에서 '황급히 도망치는' 것은 비겁하고 부도덕한 행동이다.

'전쟁' 프레임은 덫이다. 그래서 '끝까지 싸우기'를 반대하는 사람들은 이 덫에 계속 걸려 넘어졌다. 존 머사(John Murtha)는 '황급히 도망친다'(cut and run)는 비난에 '그대로 있다가 댓가를 치러라'(stay and pay)로 대응했으며, 존 케리(John Kerry)는 '누워서 죽어라'(lie and die)로 대응했다. 상원의원 잭 리드(Jack Reed)는 '이라크에 영원히 머무는 계획'을 제안했다.

이러한 반응은 무엇이 잘못인가? 첫째, 'X and Y' 문법이 '황급한 도망치기' 프레임을 환기하며 오히려 그것을 강화한다. 그리고 이 반응들은 각각 '전쟁' 프레임을 수용하고 도망치는 것이 우리에게 이익이라고 말하는, 이기적인 '무사히 도망치기' 프레임이다. 우리는 '댓가를 치르고' 우리는 '죽으며' 우리는 '영원히 그곳에 묶이게 된다.' 이것은 악에 대항한 전쟁을 전제하는 '황급히 도망치기' 프레임을 거부하지 않는다. 이것은 '황급히 도망치기' 프레임을 수용하며, 무사히 도망치기 입장을 취한다. 그러나 그 프레임에서 이 입장은 비겁하고 부도덕한 행동이다. 우리 군의 철수를 주장하는 사람들은 바로 이 덫에 걸렸다.

전쟁 프레임은 부정직하며, 비극적인 생명의 손실을 초래했다. 우리는 이라크에서 일어나고 있는 일에 대해 프레임을 다시 짜야 한다. 이것은 전쟁이 아니라, 점령이기 때문이다.

더 정직한 관심사를 조명하기 위해 이슈 정의 프레임으로서 '점령' 프레임이 이 논쟁의 언어를 어떻게 재구성하는가에 주목해보라. 점령에는 실용적인 이슈가 있다. 우리는 환영받는가? 우리는 이라크 사람들에게 이익보다 손해를 더 많이 끼치고 있는가? 우리는 얼마나 심한 부상을 입고 있는가? 문제는 철수의 여부가 아니라, 철수의 시기이다. 점령에서는 악한 적이 문제가 아니라, 언제 떠날지 그 시기가 문제이다. 점령에서 '이해가 되는' 해결책은 전쟁에서 '이해가 되는' 해결책과는 완전히 다르다.

게다가 점령 프레임은 더 정직하다. 항공모함의 '임무 완수' 깃발 앞에 당당하게 서서 주요한 군사 작전의 종료를 선포했을 때, 전쟁은 이미 끝났다. 전쟁에서는 영토를 두고 한 군대가 다른 군대와 싸운다. 우리의 남녀 전사들은 2003년 침공 직후에 싸담 후쎄인의 군사기구를 제압했다. 그 다음에는 점령에 들어갔다. 우리 부대는 전쟁에서 싸우도록 훈련을 받았지만, 그 나라의 언어와 문화를 모르는데다 부대도 충분치 않고, 내전이 진행 중인 곳에서 바로 이라크 사람들의 점령 반대 폭동에 맞서야 하며, 대부분의 이라크 사람들이 우리 부대의 철수를 원하는 상황에서 그 나라를 점령하도록 훈련을 받지도 않았다.

이슈 정의 프레임을 예시하는 또하나의 예로 이민을 살펴보자. 이 경우에도 보수주의자들이 주도권을 쥐고 이 문제를 '불법 이민'이라 정의했다. 이 프레임 속의 역할들은 이민자와 미국의 (국토안보부 산하) 이민 관련 기관이다. 문제의 주요한 원인은 이민자들이고, 이차적 원인은 그들이 국경을 넘어오는 것을 막지 못하는 기관의 무능이다.

이러한 프레임 구성 아래서 이민자들은 국경을 넘는 범죄를 자행했으며, 따라서 중범죄인으로 간주된다. 이민자들은 '미국인들에게서 직업을 빼앗아가고' 사회복지혜택을 이용함으로써 지방 정부에 부담을 주고 있으며, '납세자들의 주머니에서 돈을 꺼내가고 있다.' 이 프레임 구성으로부터 나올 수 있는 해결책은 이민자들을 검거하여 출국시키는 것, 여기에서 가장 오래 머문 사람들에게는 시민권을 부여하고 체류 기간이 2년 이하인 사람들은 출국시키는 것, 짧은 기간만 이곳에서 합법적으로 일하도록 허용하는 '일시적인 노동자' 프로그램을 실행하는 것, 그들의 많은 기본적 권리를 제약하고 시민권에 대한 어떤 희망도 주지 않는 것 등이다.

이러한 프레임 구성은, 밀입국 이민자들이 수행하는 필수적인 일, 공민권의 기본적 부인, 또는 멕시코에서 사람들을 실업 상태에 빠지게 한 무역 정책, 우리 경제가 임금을 가능한 한 최저 수준까지 끌어내리는 방식 등 진보주의자들의 많은 관심사를 간과한다.

우리가 이 이슈에 대한 프레임을 다시 짜고 이 이슈를 '불법적인 고용주들'의 문제로 정의한다면 무슨 일이 일어나는지 살펴보자. 이제 문제는 더 적은 급료를 지불하거나 탈세를 위해서 밀입국 노동자를 고용하는 고용주들이다. 고용주들은 임금을 깎거나, 미국인 노동자들을 다치게 하거나, 이민자들을 착취하는 것으로 인식된다. 그리고 이민자 가운데 많은 사람들이 이미 억압적인 상황을 피해 달아났다.

이러한 프레임 구성으로부터 나올 수 있는 해결책은 아주 다르다. 밀입국 노동자를 고용한 고용주에게 벌금을 부과하거나 처벌하라. 또는 이러한 노동자에게 합법적 서류를 받고 법의 타당한 보호 아래 일할 수 있는 방안을 제공하라. 이것은 이민자늘과 미국인 노동자들을 단결하게 하는 방안이다. 이 방안은 이익을 두고 다투게 하여 이민자와 미국인 노동자를 분열시키지 않고, 또한 그들의 임금을 끌어내리는 제도를 간과하지도 않으며, 오히려 모두가 적정한 임금을 받을 권리가 있다는 것을 보장해준다.

진보적 가치에 초점을 맞추어 이 이슈를 다른 프레임으로 구성하는 방법들이 있다. '이민자에 대한 감사' 프레임은 이민자들의 기여를 인정하고, 필수적인 사회복지혜택을 제공하며, 시민권을 받을 수 있는 정당한 경로를 마련해줌으로써 그들에게 보상한다. '값싼 노동' 프레임은 미국인 노동자들에게 실제로 손해를 끼치고 있는 경제계의 유력자—노동을 자산이 아니라, 이윤의 극대화를 위해 그 비용을 최소화해야 하는 자원으로 간주하는—에게 초점을 맞춘다. '이민자 생성' 프레임은 사람들이 무엇 때문에 고국을 버리고 미국으로 오는지에 초점을 맞춘다. 즉 이 프레임은 바로 빈곤이나 모국의 정치적 억압, 그리고 어떤 경우에는 다른 지역의 사람들을 빈곤하게 만드는 미국의 무역 정책에 초점을 맞춘다. 어떤 해결책이든 그러한 국가에 대한 우리의 외교 정책과 '자유무역' 정책에 대한 재평가를 필요로 할 것이다.[5]

이러한 실행이 보여주는 것은 간단하다. 프레임은 이슈와 문제, 원인, 해결책을 정의할 뿐만 아니라, 이슈와 원인을 감추기도 한다. 더욱이 정책과 프로그램은 오직 이슈 정의 프레임이 주어질 때만 의미가 있다.

메씨지 전달 프레임

표층 프레임과 심층 프레임, 이슈 정의 프레임 이외에도 많은 종류의 프레임이 있다. 미디어 학자에게 친숙한 메씨지 전달 프레임이 그

중 하나이다. 정치적 연설과 토론, 광고, 뉴스 기사, 사설, 시사평론 등 많은 장르가 있으며, 각 장르에는 고유의 규칙이 있다. 이 많은 장르가 지닌 공통점은 특정한 의미 역할들 — 전달자와 청중, 이슈, 메씨지, 매체, 이미지 — 이다.

메씨지에서 중요한 것은 바로 전달자이다. 2005년 캘리포니아 주 보궐선거 캠페인에서, 주 정부를 개편하자는 아놀드 슈워제네거(Arnold Schwarzenegger) 주지사의 제안에 저항한 가장 효과적인 전달자들은 간호사와 소방관 들이었다. 그들에게는 신뢰성과 신빙성이 있었다.

전달자로서 죠지 부시(George W. Bush)는 자신의 **청중**을 아주 잘 알고 있어서 흔히 자신의 지지자들에게 숨겨진 메씨지를 넣는다. 소도구들이 중요하다. 서민적으로 보이기 위해, 부시는 자신의 목장에서 동력 톱을 다루는 이미지를 퍼뜨린다. 라디오, 텔레비전, 신문 등의 매체는 많은 차이가 있다. 텔레비전에서는 이미지가 말보다 더 중요하다. 활자 광고에서는 보통 앞에 오는 것이 나중에 오는 텍스트보다 더 중요하다.

인지과학의 교훈

1. **프레임은 대부분 무의식적으로 사용된다.** 프레임의 사용은 신

경 층위에서 나타난다. 그래서 대부분의 사람들은 어떤 종류의 프레임을 사용하는지는 물론, 심지어 자신들이 프레임을 사용한다는 사실조차도 모른다. 따라서 보수적인 선전기구는 대중들이, 진보적이든 그렇지 아니하든, 전혀 알아차리지 못하도록 그들에게 자신의 프레임을 부과할 수 있다. 예를 들어, '테러와의 전쟁' 프레임은 보수주의자들이 부과했지만, 독립심이 강한 언론인이 사용했으며, 심지어는 많은 진보주의자들도 별다른 논평 없이 사용했다. 다른 영역에서는 『타임』지가 이민을 다룬 특집 기사에서 '범법자들!'이라는 표제를 달았다. 민주당원들은 '세금 구제' 프레임이 자신들 고유의 견해를 약화한다는 것을 의식하지 못한 채 사용했다.

2. **프레임은 상식을 정의한다.** 무엇이 '상식'으로 간주되는가는 사람에 따라 다르다. 그러나 그것은 언제나 어떤 프레임들이 뇌 속에 있는가와 그러한 프레임이 얼마나 자주 사용되고 환기되는가에 의존한다. 다른 사람은 뇌 속에 다른 프레임을 가지고 있을 수 있다. 그래서 '상식'은 사람에 따라 많은 차이가 날 수 있다. 그렇지만 자신들의 프레임으로 대중적 담론을 지배하고자 할 때 보수주의자들은 '상식'을 변화시켰으며, 지금까지 진보주의자들은 그런 행위를 방치하고 있다. 진보주의자들은, 현재 무의식적으로 '상식'으로 받아들여지고 있지만 심층의 문제를 은폐하는 프레임 구성을 의식해야 한다.

3. 프레임은 반복을 통해 뇌 속에 주입될 수 있다. 존 스튜어트(Jon Stewart)의 「데일리 쇼」에서 가장 재미있는 장면 중 하나는 동일한 낱말들을 매일 반복해서 사용하는 우파 지도자와 대변인을 다루는 비디오 클립이다. 동일한 이념을 표현하기 위해 동일한 낱말들을 반복하는 기교는 효과적이다. 그 낱말들은 표층 프레임과 함께 나타난다. 표층 프레임은 다시 심층 프레임에 긴밀하게 연결되어 심층 프레임을 활성화한다. 계속해서 반복될 때, 그 낱말들은 청자의 신경들을 긴밀히 연결함으로써 심층 프레임을 강화한다.

4. 활성화는 표층 프레임을 심층 프레임에 연결하고 반대 프레임을 억제한다. 표층 프레임이 활성화될 때, 표층 프레임의 의미를 구성하는 심층 프레임도 함께 활성화된다. 그래서 보수적인 심층 프레임 — 보수적인 도덕 체계와 여기에서 나오는 정치적·경제적 원칙들 — 의 활성화는 진보적인 도덕 체계와 원칙들을 억제한다.

5. 기존의 심층 프레임은 하룻밤 사이에 변화하지 않는다. 뇌는 빠르게 변화하지 않는다. 표층 프레임으로 당신 자신의 언어를 사용하는 것만으로 사람들이 언제나 당신을 믿게 되지는 않을 것이다. 표층 프레임이 어떤 효과를 내기 위해서는 심층 프레임 구성이 안정되어야 한다. 지속성이 열쇠이다!

6. 이중개념주의자들에게도 당신의 지지자들에게 말하는 것과 똑같이 말하라. 뇌는 다른 ─ 그리고 모순적인 ─ 도덕적 세계관들이 우리 삶의 다른 국면들을 지배하도록 해준다. 토요일 밤 클럽에서 당신의 삶을 지배하는 도덕성이 그 다음날 교회에서 당신의 행동을 지배하는 도덕성과 동일하지 않을 수도 있다. 정치에서는 진보주의 도덕적 세계관이나 보수주의 도덕적 세계관 둘 다를 정치에 적용할 수 있는 이중개념주의자들에 대해 '부동층 유권자'라는 용어를 사용한다. 다르게 표현하면 정치적 결정을 내릴 때 두 세계관 ─ 두 집합의 심층 프레임 ─ 의 어느 것이든지 활성화될 수 있다는 것이다.

보수주의자들은 보수적인 심층 프레임에 연결된 표층 프레임을 활성화함으로써 이중개념주의자들에게서 보수적인 심층 프레임을 활성화하려고 시도한다. 지금까지 살펴본 바와 같이 보수주의자들은 자신의 지지자들에게 말하는 방식으로 중심에 있는 유권자들에게 말한다. 진보주의자들도 똑같이 해야 한다. 진보주의자들이 보수적인 입장을 취하여 '오른쪽으로 이동할' 때, 그들은 보수적인 심층 프레임 ─ 보수적인 가치와 입장 ─ 을 활성화하고 강화한다.

7. 진실만으로 당신은 자유롭게 되지 않을 것이다. 진실을 사용하여 의미를 구성하는 프레임이 있는 경우에만 진실은 동화되어 뇌 속에 들어갈 수 있다. 우리는 프레임과 은유를 사용하여 사고하고 추론한다. 따라서 단지 얼마나 많은 사람이 의료보험이 없는지, 지난 10년

동안에 지구의 온도가 몇 도나 올랐는지, 최저 임금이 마지막으로 인상되고 세월이 얼마나 흘렀는지 등의 진실에만 근거해서 주장한다면 아무도 그 주장에 귀를 기울이지 않을 가능성이 높다. 진실이 중요하지 않다고 말하는 것이 아니다. 진실은 아주 중요하다. 그러나 진실은 오직 어떤 맥락이 주어질 때만 의미가 있다.

8. 상대편의 프레임을 단순히 부정하는 것은 단지 그 프레임을 강화할 뿐이다. 『코끼리는 생각하지 마!』는 이 점을 분명히 말해준다. 즉 어떤 사람에게 '코끼리를 생각하지 말라'고 말하면 그 사람은 코끼리를 떠올릴 것이다. 다른 모든 낱말과 마찬가지로 '코끼리'도 코끼리에 대한 심적 영상과 코끼리는 코가 크고, 몸통이 거대하고, 늘어진 큰 귀가 있다는 등의 어떤 중요한 정보를 통제하는 프레임에 의해 정의된다. 설령 당신이 어떤 사람에게 코끼리를 떠올리지 말라고 요구한다 하더라도, 낱말 '코끼리'는 그 프레임을 환기한다. 리처드 닉슨(Richard Nixon) 전 대통령이 "나는 사기꾼이 아니다"라는 유명한 구절을 말했을 때, 모든 사람들이 닉슨을 사기꾼으로 생각했다. 상원의원 조 리버만(Joe Lieberman)이 네드 레이몽(Ned Lamont)과의 논쟁에서 "나는 죠지 부시가 아니다"라고 말했을 때, 모든 사람들이 그를 죠지 부시로 간주했다.

얼마 안되지만, 상대편 프레임의 사용이 효과적인 경우가 있다. 예를 들어, 당신은 상대편의 한 프레임의 추론에 따라 논리적으로 터무니없는 결론에 도달함으로써 상대편 프레임들 중의 하나를 훼손할 정도로 능숙해질 수도 있다. 공화당원들이 1994년 '미국과의 계약'을 제시했을 때, 민주당의 한 반응은 사람들에게 '작은 글자로 쓰인 단서조항을 읽으라'고 경고하는 것이었다.

합리주의의 문제

프레임 분석을 이해하면, 우리는 자신의 마음과 타인의 마음을 알게 된다. 이것은 중대한 과제이다. 우리는 프레임과 은유, 도덕적 세계관의 관점에서 생각하도록 교육받지 않았다. 오직 하나의 상식만이 있으며, 그 상식은 모든 사람에게 동일하다고 믿도록 교육받았다. 이것은 참이 아니다. 우리의 상식은 우리가 무의식적으로 습득하는 프레임에 의해 결정되며, 한 사람의 상식은 다른 사람에게 악한 정치적 이념이 된다. 지금까지 마음에 대해 발견된 사실들을 판별하기는 쉽지 않다. 특히 마음에 대한 잘못된 견해들 때문에 그렇다.

이 프레임의 발견으로 인해 계몽주의시대에서 시작된, 마음에 대한 350년 된 이론인 합리주의를 다시 평가할 필요가 있다. 우리는 합리주의 전통을 대단히 찬미하며 이렇게 말한다. 어쨌든 우리의 민주주의 체계에 토대를 제공했던 것은 바로 합리주의이다. 합리주의는, 우리를 인간으로 만들어주는 것은 바로 이성이며, 모든 인간은 똑같이 이성적이라고 말한다. 바로 이런 이유 때문에 우리는 자신을 지배할 수 있으며, 우리를 지배하는 왕이나 교황에게 의존할 필요가 없다. 그리고 우리가 동등하게 이성적이기 때문에 가장 좋은 정부 형태는 민주주의이다. 여기까지는 그럴듯하다.

그러나 합리주의는 또한 마음에 대한 몇몇 잘못된 이론을 수반한다.

- 인지과학의 탐구 덕분에 우리는 사고의 대부분이 무의식적이라는 것을 알고 있지만, 합리주의는 모든 사고가 의식적이라고 주장한다.
- 우리는 프레임과 은유를 사용하여 사고한다는 것을 알고 있다. 그렇지만 합리주의는 모든 사고가 축자적이며, 세계와 전적으로 합치할 수 있다고 주장한다. 이것은 프레임 구성과 은유, 세계관의 모든 효과를 배제한다.
- 우리는 세계관이 다른 사람들은 다른 방식으로 사고한다는 것, 동일한 사실들이 주어져도 완전히 다른 결론에 도달한다는 것을 알고 있다. 그러나 합리주의는 우리 모두가 동일한 보편적 이성을 가진다고 주장한다. 이성의 어떤 국면들은 보편적이지만, 다른 많은 국면은 그렇지 않다. 즉 그러한 국면은 자신의 세계관과 심층 프레임에 근거하여 사람마다 다르다.
- 우리는 사람들이 고전적인 논리의 범위를 벗어나 프레임과 은유의 논리를 사용하여 추론한다는 것을 알고 있다. 그러나 합리주의는 사고가 논리적이며 고전적인 논리와 합치한다고 가정한다.

합리주의는, 사람들이 자신의 물질적 이기심에 근거하여 투표하고, 자신이 왜 그렇게 투표했는지를 알고 있으며, 자신의 가장 중요한 관심사가 무엇인지를 여론 조사원에게 말할 수 있고, 그러한 관심사를 가장 잘 역설하는 후보자에게 투표할 것이라고 말한다.

그러나 우리는 워슬린의 발견(제1장 참조)에서 이것이 거짓이라는 것을 알고 있다. 유권자에 대한 합리주의 이론은 사실이 아니다. 그렇지만 진보적인 여론 조사원들은 여전히 그 이론이 사실인 것처럼 행동한다. 그리고 진보적인 후보자들은 그들의 조언을 받아들인다. 진보주의 후보자들은 자신의 여론 조사원들이 추천하는 상세 목록을 바탕으로 활동하며, 워슬린의 발견이 전혀 없었던 것처럼 행동한다.

만일 합리주의를 신봉한다면, 당신은 진실이 당신을 자유롭게 할 것이고, 사람들에게 어떤 프레임 구성과도 무관한 확실한 정보를 제공하기만 하면 되며, 사람들이 자신의 방식으로 추론하여 올바른 결론에 도달할 것이라고 믿을 것이다. 우리는 이것이 거짓이라는 것을 안다. 즉, 사실이 사람들의 프레임과 합치하지 않는다면, 그들은 (어쨌든 자신의 뇌 속에 있는) 프레임을 보존하고, 사실을 무시하거나 망각하거나 별로 중요하지 않다고 간주할 것임을 안다. 사실을 더 심오한 사유의 바탕으로 받아들이게 하기 위해서는 이해가 되는 방식으로 그 사실을 프레임에 넣어야 한다.

만일 당신이 합리주의적인 정책 결정자라면, 프레임과 은유, 도덕적 세계관이 문제나 문제에 대한 해결책을 특성화하는 데 아무런 역할을 하지 않았다고 믿을 것이다. 모든 문제와 해결책은 객관적이어서 결코 세계관에 의존하지 않는다고 믿을 것이다. 또한 그 해결책이 이성적이며, 해결책을 도출하는 데 사용되는 도구에 고전적인 논리와 확률 이론, 게임 이론, 비용 대 수익의 분석, 이성적 행동 이론의 다른 국면이 포함되었다고 믿을 것이다.

더 나아가 고전적인 범주 이론을 믿을 것이며, 이슈 '창고'를 생성하면서 정책 결정 세계를 범주별로 나눌 것이다. 따라서 보건정책이나 환경정책으로부터 분리된 교육정책이 나올 것이다.

합리주의가 진보주의 세계에 널리 퍼져 있다. 이것이 진보주의자들이 최근 보수주의자들에게 패배를 당하고 있는 이유들 중의 하나이다.

합리주의에 근거한 정치적 캠페인은 정치적 캠페인의 상징적·은유적·도덕적·감정적인 국면과 프레임 기반 국면을 놓친다. 진정한 합리성은 우리의 정신생활에서 정치적으로 중요한 이러한 국면을 인식한다. 우리는 합리성 자체에 대해 현실감을 가져야 하고, 합리성이 실제로 어떻게 작용하는지를 인식해야 한다고 주장한다. 만일 정치적 캠페인이 더이상의 기호적 가치를 갖지 않는 정책들의 상세 목록이라고 생각한다면, 당신은 미국 정치의 핵심을 놓치고 있는 것이다.

우리의 가치 표현하기

합리주의의 덫에서 벗어나기 위해서 진보주의자들은 자신들의 가장 심오한 묵시적 가치를 이해하고 그것을 명시적으로 만들어야 한다. 그러나 여기에는 다소 까다로운 데가 있다.

지금까지 진보주의 후보자들은 대중에게 자신이 무엇을 대표하는지를 말하는 데 어려움을 겪었다. 그들은 자신의 가치와 정치적 원칙을 표현하는 데 애를 먹고 있다. 그렇지만 진보주의자들은 실제로 어떤 것을 (보통은 많은 것을) 대표하며, 가치와 정치적 원칙을 가지고 있다. 진보주의자들은 왜 무엇을 하는 사람인지 스스로 말할 수 없는가? 만일 당신이 나에게 무엇을 대표하는지 말할 수 없다면, 아무것도 대표하지 않는 것으로 들린다. 이것은 실제로 무엇을 의미하는가? 자신이 무엇을 대표하는지 말할 수도 없으면서, 지적이고 섬세한 공적 인사들이 어떻게 그 무엇을 대표할 수 있는가?

인지과학의 관점에서는 대답이 간단하다. 우리의 개념 체계는 무의식적이다. 보통 우리는 개념들의 무의식적인 체계에 직접 접근할 수 없다. 그 결과 진보주의자들은 제안된 정책의 실행이 언제 합당하게 들리는지, 또는 부당하게 들리는지를 '느끼는' 경향이 있다. 그러나 많은 진보주의자들이 정확히 왜 자신들이 그렇게 느끼는지, 정확히 무슨 원칙 때문에 그 정책의 실행이 합당하게 또는 부당하게 되는지 말할 수 없다.

그래서 진보주의자들은 자신들이 옳다고 판단하는 입장을 도덕에 근거하여 주장하기 어렵다고 생각하는 경향이 있다. 우리는 이 책을 통해서 이 묵시적인 이유들을 명시적으로 드러내는 일 — 진보적인 논증 형식 속의 공백을 채우는 일 — 은 물론 진보주의자들에게 실제로 옳다고 믿는 도덕적 가치와 원칙을 표현하도록 돕는 일을 시작하고 싶다.

프레임이 없으면 패배한다

최근 진보주의자들 사이에는 우리의 가치와 원칙을 분명히 드러내지 않는 것과, 진보주의 비전을 제시하기 위한 일을 별로 행하지 않는 것이 최선일지 모른다고 생각하는 한 무리의 집단이 있다. 아주 간단하게 말해서, 그러한 사고방식은, 상황이 보수주의자들에게 아주 좋지 않게 돌아가고 있어서 그들이 스스로 파멸할 가능성이 높다는 것이다.

이것은 엄청난 실수이다. 뇌가 어떻게 변화하는가에 대해 우리가 알고 있는 것 중 한가지는, 뇌가 평상의 조건보다 정신적 외상의 조건 아래에서 더 급격하게 변화할 수 있다는 점이다. 문제는 다음과 같다. 변화의 방향은 어떠할 것인가? 정신적 외상이나 다른 재앙을 어떻게 프레임에 넣을 것인가? 그리고 누가 그것을 프레임에 넣게 될 것인가?

보수적 정책으로 인한 재앙이 다가오는데도 진보주의자들이 아무 말도 하지 않는다면, 보수주의자들은 그 재앙을 프레임에 넣을 것이다. 그런데 틀림없이 보수주의 철학의 실패로 보는 프레임에 넣지는 않을 것이다. 보수주의자들은 인과과정의 본성을 왜곡하고 진보주의자들에게 그 재앙의 책임을 전가할 수 있다.

그것에 실패하더라도 다른 여러 탈출구가 있다. 예를 들어, 부시 행정부에서 비롯된 위기에 대응하는 다음과 같은 다양한 반응을 생각해보라. 그것은 정보 수집의 실패였다. 그것은 정직한 실수였다. 전략적 오류가 있었다. 아무도 그런 일이 일어날 것이라고 상상할 수 없었다. 모든 사람이 희생을 했으며, 그들은 우리가 기대할 수 있는 최선의 일을 수행했다. 품질 나쁜 사과가 몇개 있었는데, 우리가 그것들을 처리하고 있다. 보수주의자들은 무능을 인정하고 무능한 사람들을 더 능력 있어 보이는 사람들로 대치할 수도 있다. 아니면 심지어 훨씬 더 보수적인 목적을 위해 그 재앙을 다시 프레임에 넣으면서 자신들이 충분히 보수적이지 않았다고 주장할 수도 있다. 진보적인 목소리들이 크고 강력하고 효과적인 합창으로 들릴 때, 보수주의자들은 패배 직전에 승리를 낚아채기 위해 프레임을 다시 짜는 효과적인 기계를 사용할 수 없다. 바로 이것 때문에 우리는 침묵할 수 없다.

보수주의 철학이 재앙을 초래할 때, 진보주의자들은 그 점을 분명히 밝히고, 공개적으로 발표하며, 큰 소리로 드러내도록 도처의 사람들을 조직화해야 한다. 또한 그것이 대중의 뇌 속에 등록되어 이슈, 즉 진행 중인 대중적 논쟁의 주제가 될 때까지 그것을 반복적으로 밝혀야 한다. 희생자와 보수적인 악당, 진보적인 영웅이 있을 때, 누가 누구인지를 분명히 밝혀야 한다.[6]

프레임 재구성: 되찾아야 할 언어

지금까지 보수주의자들은 우리의 언어를 다시 정의하기 위해 열심히 노력했다. 즉 어떤 낱말이 자신들의 보수적 세계관에 맞도록 그 낱말과 연관되는 프레임을 바꾸기 위해 많은 노력을 했다. 그렇게 해서 보수주의자들은 우리의 가장 중요한 개념들 중 일부의 의미를 바꾸었으며, 우리의 언어를 훔쳐갔다.

주목해야 할 것은 보수주의자들이 '자유주의적'(liberal)이라는 낱말을 재정의했다는 것이다. 보수주의자들은 이 낱말의 의미를 완전히 뒤집어놓았다. 한때는 긍지의 징표였던 것 — 여전히 긍지의 징표여야 하는 것 — 이 이제는 피해야 할 이름이다. 보수주의자가 사용하는 '자유주의적'이라는 꼬리표와 우리 마음에 늘 가까이 그리고 소중하게 간직해야 하는 진정한 의미 사이의 차이를 생각해보라.

보수주의자: 세금을 낭비하는 자유주의자들은 당신이 힘들여 번 돈을 게으로고 무능한 사람들에게 가져다주려고 한다. 에스프레소를 즐기는 자유주의자들은 당신을 경멸하는 엘리뜨이다. 할리우드 자유주

의자들은 가족의 가치를 중시하지 않는다. 진보적인 미디어는 사실을 왜곡한다. 좌익 성향의 자유주의자들은 자유시장을 없애려고 한다. 반전 자유주의자들은 나라를 수호할 수 없는 비애국적인 겁쟁이다. 세속적 자유주의자들은 종교를 없애려고 한다.

자유주의자: 자유를 사랑하는 자유주의자들은 미국의 초석을 놓았으며, 미국의 자유를 소중하게 지켰다. 편견이 없는 헌신적인 자유주의자들은 노예제도를 종식시켰으며 여성들에게 투표권을 가져다주었다. 근면한 자유주의자들은 폭력단과 싸웠으며, 하루 8시간 노동, 주말휴가, 의료보험, 연금 등 노동자의 권리를 쟁취했다. 용감한 자유주의자들은 공민권을 얻기 위해 목숨을 내걸었다. 인정적인 자유주의자들은 사회보장제도로 약하고 외로운 노인들의 생활을 안정시키고 노인 의료보험제도로 그들의 건강을 지켰다. 미래 지향적인 자유주의자들은 교육받을 기회를 모든 사람에게 확대했다. 땅을 사랑하는 자유주의자들은 우리의 환경을 지켜왔으며, 그래서 당신이 이 환경을 향유하고 있다. 자유주의자보다 자유와 생명을 더 사랑하는 사람은 아무도 없다. 보수주의자들이 "당신은 혼자 힘으로 살아남아야 한다"라고 말하지만, 우리 자유주의자들은 "우리는 이렇게 서로 단결해야 한다"는 것을 알고 있다.

우익이 프레임 구성을 통해 훔쳐간 낱말은 '자유주의적'만이 아니다. 되찾을 가치가 있는 낱말 — 보수주의자들과 진보주의자들이 그러한 낱말을 바라보는 방식 — 의 다른 실례들이 여기에 있다.

74

애국심

보수주의자: 애국자들은 대통령이나 그의 전쟁 정책에 의문을 제기하지 않는다. 그렇게 하면, 미국과 미국의 군대가 약해진다. 비밀스럽거나 심지어 불법적인 정부 정책을 폭로하는 것은 반역이다. 헌법은 국기를 모독하는 형태의 정치적 반대를 법률로 금하도록 수정되어야 한다.

진보주의자: 우리의 애국심을 보여주는 가장 큰 증거는 더 좋은 나라를 만들기 위해 활동할 때 나타난다. 이 증거에는, 동의하지 않는 정책과 이러한 정책을 장려하는 지도자에 대해, 원리에 근거하여 반대하는 것이 포함된다. 전쟁의 시기도 결코 예외는 아니다. 무엇보다도 우리는 어떤 정치 지도자가 아니라, 우리 헌법에 포함된 우리 민주주의의 원칙을 충실히 따라야 한다.

법치

보수주의자: 범죄자들은 자신의 범죄에 대해 당연히 엄벌을 받아야 한다. 설령 그것이 2백만 명이나 되는 사람들이 미국 감옥에 있어야 한다는 것을 의미하더라도, 그렇게 하라. 만일 경찰이 몇사람의 권리를 침해해야 하거나 몇몇 헌법 조항을 위배해야 한다면, 그렇게 하라. 법원이 '전문적 절차'를 근거로 범죄자들을 지나치게 많이 석방하였다. 엄격한 형량선고 통제로 판사나 배심원의 관용 경향을 막아야 한

다. 총사령관으로서 대통령은 최고의 권위를 갖는다. 우리의 적과 싸워야 한다고 판단할 때, 대통령은 국내법과 국제법을 준수하지 않기로 결정할 수 있다. 시민적 자유의 일부도 이 싸움보다 더 중요하지 않다.

진보주의자: 아무도 법 위에 있지 않다. 대통령은 자신의 권한에 대한 헌법의 제약을 지켜야 하며, 의회가 인준한 법을 따라야 한다. 경찰과 판사는 모든 국민의 헌법상 권리를 존중해야 한다. 범죄자들은 자신의 범죄에 책임을 져야 하지만, 사회는 복수심을 지혜와 연민으로 다스려야 한다. 민사 문제에서 재판받을 권리는 모든 사람에게 동일해야 한다. 기업과 개인은 자신이 가하는 손상에 책임을 져야 한다. 미국은 국제법과 국제협약의 의무를 준수해야 한다.

국가 안보

보수주의자: 무서운 세상이다. 미치광이들이 우리를 해치고자 한다. 우리는 적대 행위의 의심을 받는 사람들에 대해 재판 없는 무기한의 구금과 고문을 비롯하여 이용할 수 있는 모든 수단을 동원하여 대응해야 한다. 우리는 인명의 희생, 비용, 동맹관계의 긴장, 국제적 평판에 관계없이 적과 싸워야 한다. 군사력은 우리의 가장 큰 무기이다.

진보주의자: 무서운 세상이다. 그러나 테러의 위협보다 훨씬 더 두려운 요인이 있다. 우리는 테러리즘에 대해 훨씬 더 현명하게, 그리고 거짓 핑계로 외국을 침략하지 않고서도 대처할 수 있다. 테러리즘은 국제적인 문제이다. 우리는 혼자 떠맡지 않고 다른 나라와 협력하여

더 효과적으로 테러리즘과 싸울 수 있다. 우리는 테러리즘과 싸울 때 군대를 동원하지 말고 조직화된 국제 범죄를 퇴치하기 위한 수단을 사용해야 한다. 더욱이 우리는 기후 불안정과 오염, 에너지의 대외 의존, 점점 더 커지는 빈부의 격차, 비틀거리는 공교육 체계로 장기적인 안전이 또한 위협을 받고 있다는 것을 인정해야 한다.

가족의 가치

보수주의자: 순종과 절제가 가족의 핵심적 가치이다. 학교에서 하는 성교육, 낙태의 권리, 동성 결혼이 순종과 훈육을 저해한다. 그것들은 가족을 모욕한다.

진보주의자: 자신과 타인에 대한 감정이입과 책임이 가족의 핵심적 가치이다. 부드럽고 사랑스러우며, 따뜻한 양육이 건강한 가족을 조성한다. 의료보험과 교육, 식탁의 음식, 사회체계는 가족의 안녕에 필수적이다. 성 역할이 아니라 사랑하고 헌신하며 부양하는 개인들이 가족을 정의한다.

생명

보수주의자: 낙태는 무고한 생명을 빼앗는 비도덕적인 행위이다. 낙태는 추방되어야 한다.

진보주의자: 생명을 장려하려면, 출생 전후 관리로 매우 높은 미국의 유아사망률을 완전히 낮추어야 한다. 생명의 장려는 처음부터 끝까

지 개인의 삶을 보살피는 것을 의미한다. 감당할 수 있는 전국민의료보험을 실시하여 의료보험에 가입하지 않은 4천 5백만 미국인의 생명을 보호하고 평균 수명을 늘리는 것을 의미한다. 우리가 마시는 공기와 물의 질을 개선해야 한다. 학교교육과 양육의 질을 높여서 모든 젊은이에게 자신의 능력을 꽃피울 기회를 주어야 한다. 아주 많은 생명을 미리 앗아가는 우리 사회 내의 폭력을 중단시켜야 한다. 연구에 사용되지 않으면 폐기될 미분화된 세포들의 아주 작은 다발을 위해 고통받는 수백만 미국인의 희망을 파괴하기보다는, 오히려 줄기세포 연구의 전망을 현실화해야 한다.

이러한 어구를 되찾는 일은 장기적인 과제이다. 우파가 이 어구들을 하룻밤 사이에 낚아채간 것은 아니었으며, 우리도 역시 한순간에 되찾아올 수는 없다. 그러나 되찾을 수 있다. 우리는 그러한 어구를 자주 말해야 한다. 그리고 그러한 어구는 진보주의자들이 이해하는 맥락에서 사용해야 한다.

전국의 진보주의자들이 시종일관 다음과 같은 말을 한다고 생각해보라. "나는 생명을 위해 존재한다. 이것이 바로 산전관리를 받을 여성의 권리와, 예방접종을 받을 아동의 권리, 아플 때 치료받을 수 있는 아동의 권리를 지지하는 나의 이유이다. 또한 이것이 바로 내가 모든 생명을 지탱해주는 지구를 우리가 보호해야 한다고 믿는 이유이다."

아니면 아마도 다음과 같이 말한다고 생각해보라. "나는 애국자이다. 이것이 바로 정부가 법원의 명령 없이 그리고 의회를 무시하고 미국 시민에게 자행하는 감시 행위에 반대할 수밖에 없는 나의 이유이다."

그러한 표현을 명시적으로 반복하는 것이 이 어구들을 다시 정의하고 되찾는 열쇠이다. 친구들에게 말할 때, 그리고 편집자에게 편지를 쓸 때, 블로그에 글을 올릴 때, 공직 선거에 출마할 때, 진보주의자들은 이러한 말을 해야 한다. 일단 이 과정이 시작되어 지속되고 아주 빈번하게 반복된다면 이러한 어구는 본래의 의미를 되찾을 수 있으며, 대중들도 다시 이러한 어구를 전통적인 의미로 이해할 수 있을 것이다. 이것이 쉬운 일은 아니지만, 그래도 우리는 이 일을 해내야만 한다.

:4장: 가정으로서의 국가

우리의 정치적 신념이 가정을 이상화함으로써 구조화된다는 것은 결코 우연이 아니다. 살아가면서 누군가의 통제를 받는다는 것을 경험하는 곳이 바로 가정이다. 부모가 우리를 '통제한다.' 부모는 우리를 보호하고, 우리에게 할 수 있는 일과 해서는 안되는 일을 말해주고, 돈과 먹을 것을 충분히 제공하고, 훈육하며, 가정을 이끌어갈 때 우리의 역할을 수행하도록 해준다.

그래서 많은 나라가 가정의 측면에서 은유적으로 이해된다는 것은 하나도 놀라운 일이 아니다. 예를 들어, 모국 러시아(*Mother* Russia), 모국 인도(*Mother* India), 조국(the *Fatherland*) 등의 낱말을 보라. 미국에는 나라의 토대를 세운 아버지들과, 미국 혁명의 딸들, 쌤 아저씨가 있으며, 우리는 우리 모두의 아들과 딸 들을 전쟁에 내보낸다. 죠지 오웰

(George Orwell)은 반(反)유토피아 소설 『1984년』에서 전체주의 국가의 목소리를 큰형(*Big Brother*)이라고 불렀다.

죠지 레이코프(George Lakoff)가 1996년 『도덕의 정치』(*Moral Politics*)에서 상세하게 논의했던 것처럼, *국가는 가정*이라는 은유적 이해는 우리의 정치적 세계관에 직접 영향을 미친다.[1] 이 영향이 직접적이기는 하지만 의식적이지는 않다. 프레임 구성의 다른 국면과 마찬가지로 이 은유도 의식의 층위 아래에서 사용된다. 그러나 좀더 작은 프레임 구성과 달리, *국가는 가정* 은유는 전체 세계관을 구조화하며 우리 머릿속의 전체 프레임 체계를 조직화한다. 이것은 정치를 사람들이 어떻게 생각하는지에 대한 경험적 발견이었다. 인지적 모형화와 인지적 은유 이론을 사용하여 (방법론적 세목에 대해서는 『도덕의 정치』를 보라), 레이코프는 *국가는 가정* 은유를 국가와 가정 사이의 정확한 사상으로 형식화했다. 그래서 고국은 집이고, 국민은 자매이고, 정부나 정부의 수장은 부모이다. 국민에 대한 정부의 의무는 자녀들에 대한 부모의 의무와 같다. 즉 부모가 우리를 보호하듯이 정부는 국가의 안전을 보장한다. 부모가 우리에게 할 수 있는 일과 해서는 안되는 일을 말해주듯이 정부는 법을 제정한다. 부모가 우리에게 언제나 충분한 돈과 먹을 것을 제공하듯이 정부는 경제를 이끌어간다. 부모가 우리를 훈육하듯이 정부는 공교육을 제공한다.

이 은유는 낙태에서 총기 규제에, 환경 규제에서 소송 제한에, '동성 결혼'에서 부동산세에 이르는 모든 종류의 이슈에 대한 순수한 진보주의자와 순수한 보수주의자 사이의 뿌리 깊은 차이 중 많은 것을 설명해준다. 왜 그러한가? 간단히 말하면, 미국인들은 가정에 대한 두 가지 아주 다른 이상화된 모형 — '엄격한 아버지' 가정과 '자애로운 부모' 가정 — 을 가지고 있다. 이것은 국가의 운영에 있어서 근본적으로 대립하는 두가지 도덕 체계를 생성한다. 이것들은 국가가 어떻게 통제되어야 하는가를 명시할 뿐만 아니라 우리가 어떻게 살아야 하는가를 많은 측면에서 명시해주는 두개의 이념이다.

그러나 우리는 모두 이중개념주의자이다. 두 모형은 우리의 뇌 속에 무의식적으로 각인되어 있다. 각 모형은 (정치나 일상생활에서) 활발하게 사용될 수도 있고, (예를 들어, 영화를 이해할 때처럼) 수동적으로 사용될 수도 있다. 두 모형은 **문화적**이며, 따라서 동일 문화에서 살기 때문에 우리는 이 두 모형에 친숙하다.

삶의 어떤 측면(예를 들어, 종교)에서 보수적이라는 것은 그 무대에서의 당신의 활동을 지배하는 데 '엄격한 아버지' 모형을 사용한다는 것을 의미한다. 마찬가지로 삶의 어떤 측면에서 진보적이라는 것은 당신이 그 무대에서 이해하고 적응하는 데 '자애로운 부모' 모형을 사용한다는 것을 의미한다. 순수한 보수주의자와 순수한 자유주의자는 둘 중의 한 모형을 사용하여 자신의 정치적 생활의 모든 국면을 통제한다.

이 두 모형은 서로 모순적이다. 그래서 동일한 사람이 동일한 상황에 이 두 모형을 동시에 적용할 수 없다. 신경적인 관점에서 보면, 두 모형은 상호 제약적이다. 즉 한 모형이 활성화되면 다른 모형은 억제된다.

이것은 『도덕의 정치』 모형이다. 그리고 미국인의 정치적 삶의 많은 국면을 설명해주는 인지과학의 이론적 구성물이다.

이것은 또한 이념적 순수성의 본성을 설명해준다. 즉 순수한 보수주의자들이 왜 낙태 반대, 총기 규제 반대, 소송 개혁* 지지, 환경 규제 반대, 세금 인하 지지, 동성애 반대 등의 입장을 갖는가를 설명해준다. 『도덕의 정치』 모형은 순수한 진보주의자와 보수주의자의 정치적 전망과 두 집단의 특징적인 사유 양식을 설명해준다.

그 모형은 또한 아주 중요한 정치 현상을 해명해준다. 왜 근본주의 기독교도들이 진보주의가 아니라 우파 보수주의 경향을 드러내는가? 예를 들어, 왜 기독교 단체 '포커스온더패밀리'**의 제임스 돕슨(James Dobson) — '기독교 동맹'*** 출신의 교육자 — 이 우익 정치의 강력한 지지자인가? 돕슨은 실제 가정생활에서 엄격한 아버지 가정을 옹호하

---

* 소송 개혁(tort reform): 의료 분쟁이나 기업의 불법 행위로 인한 손해배상 청구 소송에서 배상 최고한도액을 정하여 소송을 제한하려는 친기업적 법안.

** 포커스온더패밀리(Focus on the Family)는 1977년 남가주대학교(University of Southern California) 의과대학 교수이던 제임스 돕슨이 만든 보수적인 기독교 운동 단체이다.

*** 기독교 동맹(Christian Coalition)은 미국 최초의 기독교 텔레비전 방송국(CBN)과 기독유권자들로 이루어진, 보수주의 기독교 세계관에 입각한 최대 풀뿌리 조직으로, 1999년 팻 로버트슨(Pat Robertson) 목사가 주도하여 창설되었다.

는 대표적인 사람이다.[2] 왜 그는 진보주의자가 아니라 우익 보수주의자인가? 『도덕의 정치』 모형이 그 이유를 설명해준다.

근본주의 기독교도들은 하나님을 엄격한 아버지로 보며, 그들의 종교와 가정생활을 구조화하는 모형이 그들의 정치 또한 구조화한다. 6장에서 살펴보겠지만 보수주의자와 진보주의자는 우리의 가장 근본적인 정치적 개념들 ― 공정성, 자유, 평등, 책임, 신뢰성, 안보 등 ― 에 대해 다른 의미를 가지고 있다. 가정 모형 내의 엄격함/자애로움 구별은 우리의 가장 핵심적인 정치적 개념들의 의미에 대한 이러한 차이를 구조화한다.

심리 모형과 우리가 그 심리 모형에 사용하는 이름을 구별하는 것이 중요하다. 명명은 부정확한 방법이다. 일반적으로 단순한 이름은 심리 모형의 상세한 내용을 정확하게 특징짓지 못한다. 예를 들어, 엄격한 아버지 모형은 버릇없이 구는 아이에게 벌을 주려고 할 때 아버지가 보여주는 엄격함을 지칭한다. 그러나 그 모형은 그보다 훨씬 더 풍부한 내용을 담고 있다. '엄격한 아버지'라는 용어는 '자유' 시장에 대한 집중적 관심과 개인적 절제의 강조, 그리고 보수주의 정치의 많은 다른 국면을 포착하지 못한다.

이것은 '자애로운 부모' 모형의 경우에도 마찬가지다. '자애로움'은 이 모형의 감정이입 국면과 보살핌 국면을 특징짓지만, 그 이름은 책임 국면과 책임에 필요한 힘에 대해서는 물론, 보호나 자유, 공정성 등에 대한 함축에 있어서도 그다지 명확하지 않다.

지금까지 이 모형들을 다르게 명명하려는 시도가 많았다. 그렇지만 명명의 내재적인 한계로 인해 언제나 이름과 모형 사이에는 괴리가 생겨날 것이다.

'자애로운 부모' 모형

이 모형에서는 부모가 둘 다 있는 경우에 자녀의 도덕적 성장을 양쪽이 똑같이 책임진다. 부모의 주된 책임은 자녀들을 사랑하고 그들이 행복한 삶을 살도록 양육하는 것이다. 양육 활동에는 자신과 다른 사람에 대한 감정이입과 책임이라는 두 측면이 있다. 다른 사람을 보살피기 위해서는 당신 자신을 보살펴야 한다는 점을 명심하라. 부모는 자녀들을 다른 사람을 보살피도록 길러야 한다는 것 또한 중요하다. 이렇게 하기 위해서는 자녀들이 다른 사람에게 감정이입을 하고, 자신을 책임지며, 사회적 책임을 떠맡아야 한다. 이것은 방종이나 버릇없는 아이 만들기의 정반대이다.

자애로운 부모는 권위주의자가 되지 않고서도 권위를 지닌다. 그들은 공정하고 합리적인 한계와 규칙을 정하며, 그에 대해 기꺼이 자녀들과 토론하는 수고를 마다하지 않는다. 순종은 부모에 대한 사랑에서 나오는 것이지, 벌에 대한 두려움에서 나오는 것이 아니다. 열린 마음의 친근한 의사소통이 부모와 자녀 사이에 존재한다. 부모는 자신들의 권위를 정당화하기 위해 자신들의 결정을 설명해준다. 부모는 자녀의 문제 제기를 긍정적인 기질로 수용하지만, 궁극적인 의사결정은 자녀 스스로에게 맡긴다.

부모는 자녀를 외부의 위협에서 보호하는데, 이것은 사랑과 관심의 자연스러운 표현이다.

진보주의적 비전

자애로운 부모 모형을 정치에 적용하라. 이로부터 당신이 얻는 것은 바로 진보적인 도덕적·정치적 철학이다. 비록 세부 사항을 들여다보면 진보적 사고가 매우 복잡할 수도 있지만, 도덕적 가치와 일반적인 원칙의 최고 층위에서는 실제로 아주 단순하다.[3]

자애로운 부모 모형과 마찬가지로 진보적 도덕성은 감정이입과 책임에 근거한다. 감정이입은 다른 사람과 관계를 맺고, 다른 사람이 느끼는 것을 느끼며, 자신을 다른 사람이라 상상하고, 그에 따라 다른 사람들에 대해 가족적 친밀감을 느끼는 능력이다. 책임감—자신에 대한 책임감이든 다른 사람에 대한 책임감이든—은 그러한 감정이입을 바탕으로 행동하는 것을 의미한다.

감정이입과 책임감에서 일련의 핵심적인 진보적 가치들이 나온다. 이것들은 진보적 사고를 정의하고 어떤 이슈에 대한 진보적인 입장을 구조화하는 가치들이다. 이 가치들은 모두 다음 개념을 성취하기 위해 당신의 감정이입을 바탕으로 행동하는 것과 관련이 있다.

- 보호 (위협이나 강요를 받는 사람들을 위함.)
- 삶의 성취 (이를 통해 당신이 하려던 것처럼, 다른 사람들도 의미있는 삶을 꾸려갈 수 있음.)
- 자유 (성취를 추구하기 위해서는 당신이 자유로워야 하기 때문임.)
- 기회 (성취하는 삶을 이끌어가기 위해서는 의미있고 결실있는 것을 탐구할 기회가 필요하기 때문임.)
- 공정성 (불공정성은 자유와 기회를 억압할 수 있기 때문임.)
- 평등 (감정이입이 모든 사람에게로 뻗어나가기 때문임.)
- 번영 (성취하는 삶을 이끌어가고 충분한 주거비와 식비, 의료비를 지불하는 데에는 물질 자원의 어떤 기준량이 필요하기 때문임.)
- 공동체 (어느 누구도 혼자서는 공동체를 만들 수 없으며, 성취하는 삶을 꾸려가기 위해서는 누구에게나 공동체가 필요하기 때문임.)

만일 당신이 다른 사람에 대한 책임을 완수하려고 한다면 먼저 당신 자신을 보살펴야 한다는 점을 명심하라. 진보적 도덕성에는 자신을 보살피기 위해 행동하는 것과 다른 사람을 돕기 위해 행동하는 것 사이에 아무런 모순이 없다. 당신이 자신을 돌보지 않는다면 다른 사람도 돌볼 수 없기 때문이다. 이기심과 이타심 사이의 낡은 이분법은 잘못된 것이다. 극단적인 자기희생은 다른 사람을 위해 행동하지 못하도록 할 수 있기 때문이다.

이러한 진보적 가치에서 핵심적인 네가지 정치적 원리가 나오는 것은 당연하다. 대부분 무의식적인 이 원리들은 진보적인 정책과 프로그램을 위한 논증의 토대로서 반복적으로 나타난다.

공익의 원칙

프랭클린 로우즈벨트(Franklin Roosevelt)는 두번째 취임 연설에서 다음과 같이 말했다. "개인적인 야망 안에서 우리는 개인주의자이다. 그러나 하나의 국가로서 경제적·정치적 발전을 추구할 때 우리는 모두 한 국민으로서 일어선다. 그렇지 않으면 우리는 모두 쓰러진다." 간단히 말해서 공익은 개인의 안녕에 필수적이다. 국민들은 모두에게 이익이 되는, 그리고 개인적인 목적의 추구에 결정적으로 기여하는 사회 기반시설을 구축하기 위해 자신들의 공공 재원을 한데 모은다. (은행 씨스템과 주식 시장에 개선할 것이 많은 방글라데시에 살았더라면 자신의 재산을 모을 수 없었을 것이라는 워렌 버핏(Warren Buffett)의 진술은 유명하다.[4])

공공 재원인 납세자의 돈이 지불돼야 하는 경우는 고속도로망, 위성 체계, 안보 체계(경찰, 소방관, 군), 은행 체계, 법원 체계 등이다. 정말로 거의 모든 기업이 은행 대부금(은행 체계)과 계약 집행(사법 체계), 통신(인터넷과 위성 체계), 물건의 선적(고속도로망)에 의존한다.

공공 재원은 공익을 위해 경찰, 군, 소방관, 법원 등의 **보호** 체계를 제공한다.

공공 재원은 삶의 **성취**를 장려하고 기회를 만들며 이를 위해 공익 — 학교, 대학, 국립공원, 도로, 창업을 위한 금융 지원 체제 — 을 늘린다. 돈을 많이 벌수록 공공 재원을 사용하기 쉬우며, 공공 재원 관리에 더 많이 기여할 책임을 지닌다. 이것은 누진 과세를 위한 중요한 도덕적 기반이다.

공공 재원은 공익을 위한 **자유**를 창조한다. 자유는 헌법에 명시되어 있고, 법원의 보호를 받으며, 공공 재원에 의해 늘어난다. 사회안전망과 사회보장제도는 우리에게 **궁핍**으로부터의 자유를 준다. 권리장전은 우리에게 다른 많은 자유를 준다.

공익의 원칙은 **공정성과 평등**을 신장한다. 진보주의 정부는 차별을 감시하며, 소외된 공동체를 보호하려고 애쓴다. 진보주의 정부는 당신 혼자 힘으로 살아가야 한다는 것이 아니라, 우리 모두 이렇게 함께한다는 원칙을 바탕으로 작동한다. 우리 모두 이렇게 함께한다는 것은, 우리가 책임뿐만이 아니라 공익을 위해 일하는 모든 사람의 혜택 또한 공유한다는 것을 의미한다.

공익을 위해 공공 재원을 사용하면, **공동체**가 번영한다.

기업에 있어서 공익의 원칙은 결국 윤리적인 기업 관례가 된다. 윤리적인 기업은 개인에게나 공동체, 환경에 아무런 해도 끼치지 않는다. 또한 자신의 종업원과 공동체는 물론 대중에게도 실제 혜택을 제공한다. 진보적인 정부는 윤리적인 기업을 지원하고, 비윤리적인 기업을 억제하고 심지어 처벌하는 조치를 취한다.

공익의 원칙은 또한 국가적 기념물, 공립 공원과 해변, 대양이나 강이나 개울, (라디오나 텔레비전, 다른 형태의 소통에 사용되는) 전자기 스펙트럼, 과학 지식, 우리의 유전학적 상속 재산, 인터넷 등을 비롯한 공공 재원, 즉 공유지의 보존을 의미한다. 이것들은 모두 우리에게 도움이 되므로, 미래 세대를 위해 대중에게 계속 알려야 한다.

자유 확대의 원칙

진보적인 도덕적 가치 덕택에 미국인들은, 역사적으로 그래왔듯이, 근본적인 형태의 자유의 확대를 요구할 수 있다. 근본적인 자유에는 투표권과 노동자의 권리, 공교육, 공공 의료, 소비자 보호, 민권, 인권 옹호가 포함된다. 근본적인 자유주의 확대는 지금까지 무엇이 전통적인 미국의 가치였는지를 보여준다.[5]

인간 존엄성의 원칙

감정이입을 하려면 인간이 기본적으로 존엄하다는 것을 인정해야 하며, 책임을 떠맡으려면 인간의 존엄성을 지키기 위해 행동해야 한다.

이 원칙은 방대한 진보적인 주장의 기본 방향을 제시한다. 즉 진보주의자들은 고문에 반대하고, 집단학살을 막기 위한 개입을 지지하고, 가난한 사람들의 기본적 필요를 충족시키는 프로그램에 찬성하고, 여성의 권리를 지지하며, 인종차별에 반대해야 한다고 주장한다.

국민으로서 우리는 인간 존엄성의 경계가 어디에서 정해지는가를 결정할 필요가 있다. 음식과 주거지, 교육, 의료보호는 모든 사람의 기본적인 권리이다. 인간이 존엄하다는 신념에서 행동하는 진보주의자들은 모든 국민에게 이러한 권리를 반드시 보장해주어야 한다고 믿는다.

다양성의 원칙

다른 사람과 자신을 동일시하고 사회적으로나 감정적으로 관계를 맺는 감정이입 덕택에 우리의 공동체와 학교, 일터에 다양한 도덕적 가치가 생성된다. 다양성 덕택에 의미있는 **공동체**가 조성되며, 시민들이 성취하는 삶을 이끌어갈 기회가 많이 생겨난다.

'다양성'은 인종과 종족, 종교, 성, 성적 선호도에 근거한 차별적인 효과에 반대하는 조치들을 가리키는 진보적인 코드어(code word)*가 되었다. 지금까지 이러한 형태의 차별이 널리 퍼져 있었으며, 그 효과가 오랫동안 지속되었기 때문에 다양성을 통해 사회 활동을 풍요롭게 만들 기회가 줄어들었다.

---

* 코드어(code word): 정치적 맥락에서 진보적이든 보수적이든 정치인들이 표면적으로는 온건한 진술에 사용하지만 극단적인 신념을 은밀히 전달하는 일종의 수사적 어구.

시장의 다양성, 예를 들면 에너지 시장이나 농업 시장의 다양성은 한 지역의 결핍을 다른 지역의 잉여나 생산으로 쉽게 해결할 수 있도록 보호해준다. 만일 우리가 다양한 에너지원에 접근할 수 있다면 석유와 가스 값 인상으로 어려운 상황에 빠지지 않을 것이다. 생물학적 다양성은 괴질로 단종 재배가 완전히 사라지는 것을 확실히 막아주며, 또한 자연의 경이를 인정하도록 장려하는 역할을 한다. 예술적이고 음악적인 다양성은 새로운 형태의 예술과 음악을 창조할 수 있게 해준다.

이제 우리는 ('자애로운 부모' 모형에 대립하는) '엄격한 아버지' 모형과 이 모형에서 비롯되는 일련의 선도적 가치와 원칙을 살펴보기로 한다.

'엄격한 아버지' 모형

가정에는 부모 두 사람, 즉 아버지와 어머니가 있다. 우리는 위험한 세계에서 살고 있다. 이 세계에는 끊임없는 경쟁이 존재하며 필연적으로 승자와 패자가 있다. 가정은 세상의 많은 악으로부터 자신을 보호하고, 경쟁에서 승리하여 자신을 부양해줄 강한 아버지를 필요로 한다.

도덕적으로 절대적인 옳음과 그름이 있다. 엄격한 아버지는 가정 내의 도덕적 권위이다. 그래서 그는 옳음과 그름을 구별하고, 본유적으로 도덕적이며, 가장이 된다. 아버지의 권위와 결정에 도전하거나 그의 결정에 불복해서는 안된다. 아버지에 대한 순종은 도덕적이며, 불순종은 비도덕적이다.

어머니는 아버지의 권위를 떠받들고 존중하지만, 아버지를 보호하거나 스스로 도덕적 명령을 부과할 만큼 강하지 않다. 어머니는 관심을 베풀어 사랑을 보여주고, 올바른 행동을 보상해주며, 벌을 받아야 할 때 마음을 위로한다.

아이들은 훈육되지 않은 채 태어난다. 아버지는 아이들에게 규율을 가르치며 또한 옳음과 그름의 구별을 가르친다. 아이들이 순종하지 않을 때, 아버지는 벌을 주어야 한다. 이 경우에 아버지는 벌을 피하도록 유인하는 동인을 함께 제공하며, 내적 수양을 쌓아서 옳은 일을 행하도록 자녀들을 도와야 한다. 이 '엄한 사랑'은 도덕성을 가르칠 수 있는 유일한 방법으로 간주된다. 도덕적으로 행동할 만큼 충분한 훈육을 받은 아이들은 역시 어른이 되어 그 규율을 사용하여 시장에서 스스로 자신의 이익을 추구하고 번성할 수 있다.

다시 한번 말하지만 이것은 이상화된 모형이다. 실제 가정에는 보통 엄격한 아버지와 자애로운 어머니가 있다. 동일한 가정의 자녀들도 부모의 어느 쪽을 본받는가에 따라 정체성이 서로 다르게 형성될 수 있으며, 이상화된 상이한 모형에 따라 성장할 수 있다.

순수한 보수주의 철학은 엄격한 아버지 모형 — 오직 이 모형만 — 을 정치에 적용한다. 자칭 '보수주의' 대변자들 중 많은 수가 실제로는 다양한 종류의 이중개념주의자였다. 예를 들어, 경제적으로는 보수적이나 인권 옹호에는 진보적인 사람들도 있고, 경제적으로 진보적이나 사회적인 측면에서는 보수적인 사람들도 있으며, 또한 이와는 정반대의 입장을 갖는 사람들도 있다. 부분적인 보수주의자들 사이의 이러한 차이로 인해 보수주의 운동은 오랫동안 정치적 자유의지론자와 재정적 보수주의자, 사회적 보수주의자, 종교적 근본주의자, 최근의 신보수주의자로 나뉘었다.

미국의 보수 정치에서 비교적 새로운 것은 지도자 지위에서 부분적인 진보주의자를 제거하려는 시도이다. 이 시도가 성공한다면, 순수 보수주의자들이 주도적인 지도자로 남아 모든 이슈 영역에 엄격한 아버지 모형을 적용하게 된다.

또한 새로운 것은 권위주의적 보수주의자의 모습이다. 권위주의적 보수주의자는 모든 이슈는 물론 통치 그 자체에 엄격한 아버지 모형을 적용한다! 죠지 부시 행정부는 (어떤 법의 어떤 조항을 받아들일 것인가를 스스로 선택함으로써) 의회를 지배하고, (사법권을 회피하려고 시도함으로써) 법원을 지배하였다. 부시 자신은 행정부뿐만 아니라 의회의 공화당 간부회의, 공화당 자체, 심지어는 많은 보수적인 미디어에서도 궁극적인 도덕적 권위 — 결정자 — 로서 통치 행위를 해오고 있다. 상당수의 골수 보수주의자들은 자신의 공동체에서나 나라의 통치에 있어서는 권위주의자들이 아니었다. 예를 들어, 리처드 닉슨 전 대통령의 행정부에서 일했던 전통적 보수주의자 존 딘(John W. Dean)은 부시 행정부를 파시즘에 가까울 정도로 권위주의적이라고 생각한다.[6]

보수주의적 비전

보수적 도덕성의 핵심은 권위와 통제 — 자기 통제(절제)는 물론 타인에 대한 통제 — 의 문제에 있다. 권위는 합법적이어야 하며 도덕적 선이어야 한다. 권위자는 힘이 있다. 그리고 본성적으로 선하기 때문에 그 힘을 합법적으로 사용하여 통제력을 발휘해야 한다. 정치적 권위자는 당선되거나 선출된 사람이며, 따라서 합법적인 도덕적 권위를 지닌다. 그리고 그 권위는 마땅히 존중받아야 한다.

다른 가치들은 권위와 통제의 이러한 근본적인 요소들에서 나온다.

절제: 자기 통제는 본질적인 특성이다. 도덕적 권위는 내적 절제를 필요로 한다. 사람은 잘못을 행할 때 벌을 통해 내적 절제를 학습한다. 권위자가 나쁜 행위를 처벌하지 못한다면 그것은 도덕적 실패이다.

그러한 견해는 정치적 귀결로 이어진다. 자신이 직접 벌지 않은 것을 얻게 되면 사람의 절제력은 약화되고, 따라서 도덕적 역량도 약화된다. 이와같이 당신이 만일 부유하지 않다면, 당신은 부유할 만큼 충분한 절제력을 갖고 있지 않은 것이며, 따라서 당신의 가난은 당연하다. 사람들에게 결여된 것을 제공하기 때문에, 사회보호 프로그램은 절제를 익혀서 도덕적이 되고자 하는 그들의 동기를 약화한다. 따라서 사회보호 프로그램은 비도덕성을 초래하므로 폐기되어야 한다.

소유권: 시장을 통해서나 다른 합법적인 수단으로 취득하는 재산은 적절하다고 판단할 때 당신이 마음대로 처리할 수 있는 소유물이다. 정부보다 당신이 당신의 돈을 더 적절하게 쓸 수 있다. 공익을 위한 공공 재원의 유일한 사용은 신체적 안전을 제공하는 것이다. 이윤 동기가 기업의 효율을 창조한다. 이윤 동기가 부족한 정부는 비효율적이며 낭비적이다. 그래서 정부는 규제와 과세, 노동조합 합법화, 법정소송을 통해서 시장을 방해한다.

위계: 경제적·사회적·정치적 위계는 자연스럽다. 어떤 사람들은 다른 사람들보다 더 재능이 뛰어나고 절제력이 더 있으며, 따라서 당연히 계급 조직에서 더 높은 위치를 차지한다. 이것은 평등이 아니라 형평성 ─ 공로(재능과 절제)로 얻는 더 높은 지위 ─ 이다. 기회의 평등은 공로에 근거한 위계를 생성한다. 그리고 시장은 자연스럽고 공평하며, 소수 엘리뜨를 정상에 올라가도록 해준다고 간주되기 때문에, 성공은 공로의 지표이다. 그래서 민주주의는 능력주의 사회와 직접 연결된다.

보수주의 철학은 진보주의 원칙 중 어느 것도 인정하지 않는다. 예를 들어, '공익의 원칙'은 절제를 보상해주는 체계인 시장경제를 방해하는 것으로 간주된다. 진보주의자들이 확대하고자 하는 자유—특히 궁핍으로부터의 자유—를 보수주의자들은 '자유'로 간주하지 않는다. 대부분의 보수주의자들은 '인간 존엄성의 원칙'을 거부한다. 그들은 사람들이 양도할 수 없는 존엄성을 갖는 것이 아니라, 자기 절제를 통해서 자기 가치를 입증해야 한다고 믿기 때문이다. 만일 자신을 부양하지 못한다면 그것은 안타까운 일이다. 그러나 예외가 있다. 보수적인 가족의 가치를 유지하면서, 하나님을 경외하고, 교회에 가고, 열심히 일하는 사람들은 개인 구호물자를 받을 권리를 가진 '자격 있는 가난한 사람들'이다. 그러나 그 '자격'은 인간이라는 이유만으로 아무에게나 부여해서는 안된다.

마지막으로 보수주의자들이 '다양성의 원칙'을 존중하지 않는 이유는 그 원리 자체에 있다. 다양성의 원칙보다 경쟁을 통해 성공을 제공하는 능력주의 시장이 더 중요하기 때문이다.

진보적인 원칙에 맞서 보수주의자들은 다음의 원칙을 제시한다.

도덕적 권위의 원칙

도덕성은 합법적인 도덕적 권위에 순종함으로써 나온다. 즉 당신이 하나님(이나 그의 대리인이나 성직자)에게 순종하고, 법을 준수할 때 당신은 도덕적이다. 또한 당신이 정부에서 일한다면 대통령에게, 그리고 자녀라면 부모에게, 학생이라면 선생님에게, 운동선수라면 감독에게, 군인이라면 지휘관에게 복종해야 한다. 그러한 경우에 당신은 도덕적이다.

개인적 책임의 원칙

우리는 모두 자신의 운명을 개인적으로 책임져야 한다. 만일 당신이 성공한다면 그것은 성공할 만한 자격이 있기 때문이다. 만일 당신이 실패한다면 그것은 당신 자신의 잘못이다. 당신은 자신을 책임질수 있으며, 또 그렇게 해야 한다. 절대로 나약한 사람이 되어서는 안된다.

자유시장의 원칙

자유시장은 효율성을 촉진하고, 부를 창출하며, 자연적이고 도덕적이고, 개인의 절제를 보상해준다. 부가 많은 자유를 제공할 수 있기 때문에 자유시장은 자유의 기제이며, 정부의 간섭을 받아서는 결코 안된다. 정부는 네가지 방식으로 자유시장에 개입한다. 규제, (노동자 안전, 연금, 초과근무 수당 등) 노동자의 권리, (시장의 보상을 빼앗아가는) 과세, 공동 피해자들의 집단소송이 그것이다. 신체의 안전을 제외한 사람들의 필요는 시장에서 충족되어야 한다.

자수성가의 원칙

자기 절제가 충분하다면 모든 사람은 자력으로 성공할 수 있다. 정부는 뒤처진 사람들을 책임질 필요가 없다. 그들의 실패는 자신의 잘못이며, 절제와 도덕성 결여에서 비롯되었기 때문이다. 자선은 개인적 선행이지 정부의 책임이 아니다.

인과관계 이론: 빈곤과 테러리즘

지금까지 보수적 주장과 진보적 주장을 개괄하면서 우리는 또하나의 중요한 규칙성에 주목했다. 보수주의자들은 직접적이고 개인적인 인과관계에 근거하여 주장을 펼치는 반면, 진보주의자들은 전체적이고 복합적인 인과관계를 바탕으로 주장을 펼치는 경향이 있는 것처럼 보인다. 이를 보여주는 두가지 주요한 실례는 테러리즘과 빈곤이다.

보수주의자들은 테러리즘을 단순하게 인식한다. 보수주의자들의 시각에서 테러리스트들의 행위는 변명의 여지가 없이 악하고, 따라서 그들의 행위는 분석할 가치조차 없다. 보수주의자들이 인정할 내용의 전부는 테러리스트들이 '우리의 자유를 증오한다'는 것이다.[7]

자유주의자들은 테러리즘의 더 깊고 선체적인 원인에 문제를 제기하는 경향이 있다. 자유주의자들은 테러가 용서할 수 없는 행위라는 점에는 동의하지만, 한편 미국에 대한 증오를 초래한 요인이 무엇이었는지에 주목한다. 즉 자유주의자들은 이슬람 국가 내 미군 주둔, 종교 지도자 양성 기관 이외에 학교가 없는 이슬람 국가의 상황, 많은 아랍 국가의 권위주의적 군주제에 대한 미국의 지원, 이스라엘에 대한 미국의 적극적 지원 등의 요인을 고려한다.

테러리즘의 원인을 이렇게 다르게 이해함으로써 서로 다른 해결책이 나오게 된다. 보수주의자들은 거의 힘에는 힘으로 맞서는 식으로만 대응한다. 자유주의자들은 장기적 해결책으로 군사적 행동 이외의 어떤 조치 — 예를 들어, 중동 지역 내의 '이념 투쟁'에 참여하는 것 — 가 필요하지는 않은지 숙고한다. 그러한 투쟁에서는 사우디아라비아와 같은 동맹국에게 민주화 조치를 실행하도록 압력을 넣는 것과 이스라엘/팔레스타인 분쟁을 해결하기 위해 더 적극적으로 활동하는 것을 비롯한 모든 종류의 방안을 고려한다.

빈곤의 원인과 관련해서 보수주의자들은 빈곤의 책임이 분명히 가난한 사람들에게 있다고 본다. 아메리칸 드림은, 절제하고 도덕적이며 진취적인 사람이면 누구라도 실현할 수 있다. 정의상 가난한 사람들은 게으르고 비도덕적이다. 간단히 말해서 그들은 자립할 의지가 없는 사람들이다.

자유주의자들은 더 복합적인 요인들을 고려한다. 즉 정부의 일부 정책은 물론 교육적 불이익, 문화적 편견, 인종차별적 징후, 고착화된 제도가 모두 빈곤의 고착화에 기여하는 것으로 간주된다. 자유주의자들은 점점 벌어지는 빈부 격차를 비난하지만, 보수주의자들은 그것을 정당한 자유시장의 자연스러운 결과로 본다.

직접적 인과관계 대 전체적 인과관계의 동일한 이분법이 범죄, 의료보호, 환경, 국제관계, 이민 등 수많은 영역에 적용된다.

이 두가지 다른 시각은 두가지 가정 모형에서 나오며, 따라서 예측할 수 있다. '엄격한 아버지' 모형에서는 아이들이 직접 명령을 받으며, 순종하지 않으면 직접 벌을 받는다. 아이들의 위반은 개인적이며, 그들에 대한 벌도 그렇다. 이것은 개인의 죄―또는 죄 없음―가 그 사람의 천국행이나 지옥행을 결정하는 근본주의 종교와 일치한다. '자애로운 부모' 모형에서는 아이들이 애정과 감정이입을 통해 도덕적으로 성장한다. 그런데 애정과 감정이입에는 복합적인 상황과 맥락적 요인들을 이해하고 수용할 수 있는 능력이 필요하다.

이러한 문제는 자유주의자들에게 도전으로 다가온다. 요점 중심의 문화에서는 복잡한 논증으로 설득하기 어렵기 때문이다. 복합적인 문제를 단순하고 비효율적으로 처리하는 것은 이 도전에 대한 해답이 아니다. 8장에서 우리는 일관되고 진정성이 있으며 가치에 근거한 의사소통으로 이러한 복잡한 이슈에 대처하기 위한 제안을 할 것이다.

정체성 이슈: 동성애와 낙태

이성과 결혼하여 장기간에 걸쳐 안정적으로 사랑하는 사람들이 왜 같은 관계의 동성애 커플이 결혼하면 위협을 받는가?

당신이 순수한 보수주의자이며, 당신 삶의 모든 국면에 적용된 '엄격한 아버지' 모형에 의해 당신의 세계관이 형성되었다고 가정하자.

당신의 세계관은 당신의 정체성 그 자체를 정의한다. 즉 옳음과 그름, 하나님, 좋은 부모가 되는 법, 성공적인 사업을 이끄는 법 등에 대한 당신의 생각을 정의한다. 당신의 세계관은 심지어 당신의 남성다움이나 여성다움, 성적 정체성도 정의한다.

'엄격한 아버지' 모형은 성 역할을 구분한다. 이 모형에서 남편은 남성이고, 부인은 여성이다. 이 모형의 부모는 동성애자일 수 없다. 동성 결혼이 합법화되면 '엄격한 아버지' 모형은 불법화된다. '결혼을 지키는 것'은 사실상 '엄격한 아버지' 모형을 지키는 것이다. '동성 결혼'에 반대하는 것은 '엄격한 아버지' 모형이 정의하는 정체성을 옹호하는 것을 의미한다. 즉 존재의 핵심적 차원에서 당신이 누구인지를 옹호하는 것을 의미한다.

낙태 이슈도 비슷한 방식으로 작용한다. 이상화된 엄격한 아버지 모형에서는 아버지가 도덕적 권위이며, 생식 결정을 통제한다. 아버지는 피임약을 사용할 것인지, 자녀를 가질 것인지, 자신의 부인이 낙태를 할 것인지를 결정한다. 아버지는 딸의 성징(性徵)에 책임이 있으며, 그녀가 성교육을 받아야 하는지와, 성관계를 해야 하는지, 피임약을 사용할 수 있는지를 결정할 것이다. 그리고 만일 딸이 혼외 임신을 했다면 아버지는 그녀의 낙태 여부를 결정한다.

심지어는 낙태가 살인이라는 개념조차도 '엄격한 아버지' 모형에서 나온다. '엄격한 아버지' 모형에는 절대적 선과 절대적 악이 있기 때문이다. 이것은 도덕법 안에 등장하는 모든 범주가 엄격한 정의 조건을 갖추어야 한다는 것을 의미한다. 특히 인간의 범주는 그러해야 한다는 것을 의미한다. 철학에서 그러한 정의 조건을 '본질'이라 칭하며, 이 본질은 시간의 흐름 속에서도 변화할 수 없다. 그러므로 날 때부터 바로 그곳에 존재하는 인간의 본질은 출생 바로 직전에도, 출생하기 하루 전에도, 거슬러 올라가 착상의 순간에도 바로 그곳에 있었음에 틀림없다! 따라서 낙태는 자신의 이익을 위해 고의적으로 사람을 죽이는 것, 즉 살인임에 틀림없다!

보수적 포퓰리즘

일반적으로 자유주의자들은 보수적 포퓰리즘의 본성을 이해하지 못했다. 자유주의자들은 가난한 계층 또는 중산층 보수주의자들이 자신의 경제적 이익에 반해서 투표하는 것을 당혹스럽게 생각하는 경향이 있다. 보수적인 포퓰리스트들은 별로 똑똑하지 않고 무지하며 부유한 보수주의자들의 감언이설에 놀아나고 있다는 고정관념이 있다. 이를 치유하는 길은 그들에게 진실을 말하는 것이라고 자유주의자들은 생각한다. 정말로 올바른 정보를 얻어서 그들에게 문제의 경제적 진실을 이해시킨다면, 그들은 모두 경제적 포퓰리스트가 되어 진보주의자에게 투표할 것이다. 이것은 공허한 꿈이다.

보수적 포퓰리즘은 본성상 문화적이다. 그것이 바로 보수주의자들의 '문화 전쟁'의 내용이다. 보수적 포퓰리스트들은 '엄격한 아버지' 도덕성과 이에 근거한 정체성을 지녔다. 따라서 그들은 정치에 대해 전체적 인과관계가 아니라 직접적 인과관계로 사유하는 경향이 있다. 그러나 가장 중요한 것은 보수적 포퓰리스트들이 보수적인 선전기구의 영향으로 지금까지 억압 — 융통성 없는 엘리뜨의 억압! — 을 받고 있다고 확신한다는 점이다. 그들은 리무진 진보주의자와 할리우드 진보주의자, 스시를 먹고 에스프레소를 마시는 진보주의자들로부터 비웃음을 받고 있다고 생각한다. 또한, 자신들이 진보적인 미디어의 거짓말을 듣고 있고, 자신들의 돈을 세금 확대 진보주의자들이 훔쳐가고 있으며, 자신들의 사유 재산을 진보적인 환경보호주의자들이 빼앗아 가려고 하고, 자신들의 기업에 진보적인 노조가 압력을 넣고 있으며, 자신들의 종교가 진보적인 무신론자들의 공격을 받고 있고, 자신들의 가정이 진보적인 페미니스트와 동성애자의 위협을 받고 있다고 믿는다. 보수적 포퓰리스트들이 자신들의 정치적 염원을 특징짓기 위해 가장 많이 사용하는 낱말은 '해방'(liberty)이다. 이 낱말은 정치적·문화적 엘리뜨의 억압으로부터의 자유를 의미한다.[8]

경제적 복지에 대한 합리적인 호소로는 결코 그들의 생각을 바꾸지 못할 것이다.

여기에 우리가 찾는 유일한 희망이 있다. 저 이중개념주의자들에게 다가가 그들의 부분적인 진보적 가치 — 보수적 포퓰리스트들이 진보주의자들과 진정으로 공유하는 가치 — 를 공감해보라. 그러한 일체

감에 근거하여 그들에게 중요한 진실을 납득시켜라. 자신들이 보수주의자들의 억압을 받고 있으며, 자신들이 사랑하는 땅을 보수주의자들이 파괴하고 있으며, 자신들의 진보적인 기독교가 보수적인 근본주의자들의 심한 공격을 받고 있으며, 자신들의 몸과 가정의 근간이 보수주의자들의 공격을 받고 있다는 것을 납득시켜라. 논증은 충분히 있다.

'엄격한 아버지' 도덕성이 미국 문화에서 맡는 역할을 이해하지 못한다면, 보수적 포퓰리스트들의 진보적인 국면을 활성화할 희망은 없다.

┊5장┊ 도덕성과 시장

당신은 언제나 보수주의자들에게서 "시장에 맡겨라"라는 말을 듣는다. 의료보호제도를 시장에 맡겨라. 사회보장제도를 시장에 맡겨라. 기후 위기를 시장에 맡겨라. 선거운동 회계를 시장에 맡겨라. 최저임금을 시장에 맡겨라.

시장은 심지어 우리 외교정책에서도 중요한 역할을 한다. 이라크 전쟁은 부분적으로 이라크 사람들에게 시장을 소개하는 것과 관련이 있다. 국제관계에서 우리 정부의 노력은 많은 부분 '자유무역 정책'으로 '자유시장'을 조성하는 것이다. 사유화와 규제 완화도 '시장에 맡겨라'라는 동일한 메씨지를 전달한다. 미국은 시장경제 국가이다. 보수주의자들은 미국 시장에 실제로 잘 적응하여 많은 수가 시장에서 매우 성공적으로 활동하고 있으며, 시장을 예찬한다. 그러나 진보주의자들은 — 심지어 부유한 진보주의자들조차도 — '시장에 맡겨라'라는 거의 모든 주장에 이견을 보이는 경향이 있다.

도대체 어떻게 된 일인가? 보수주의자들과 자유주의자들은 '시장'이라는 낱말로 서로 다른 의미를 전달하고 있는 것인가? 그렇다면 그 차이는 무엇인가? 그리고 왜 보수주의자들이 시장의 유일한 — 또는 적어도 중요한 — 옹호자로 간주되는가?

앞 장에서 논의된 가정 모형이 정부와 국가 정치에 대한 우리의 이해뿐만 아니라 수많은 다른 사회제도 — 예를 들어 세계 정치와 학교, 교회, 스포츠 팀 — 에 대한 이해를 구조화한다는 우리의 발견은 흥미롭다. 시장이 이러한 제도 중의 하나다.

시장에 폭넓은 찬사를 보내는 보수적 입장과 그것을 주로 암묵적이며 직관적으로 받아들이는 — 그렇지만 좀처럼 명확히 표현되지 않는 — 진보적 견해가 있다. 이 차이를 이해하는 것이 중요하다.

시장은 '물품과 써비스'를 교환하기 위한 제도이다. 교환되는 물품과 써비스는 돈과 주식을 비롯한 거의 모든 것일 수 있다. 다른 생산품으로는 편의와 (상표 붙이기와 밀접한 관계가 있는) 정체성, 위험률 보험 등이 있다. 심지어는 우리의 노동조차도 우리 — 또는 우리의 노조 — 가 노동 시장에서 파는 생산품으로 개념화된다.

시장의 배후에 자리잡은 고전적인 가정은 모든 사람이 이윤을 극대화하기 위해 애쓴다 — 즉 판매자는 가격을 극대화하려고 하며 구매자는 비용을 최소화하려고 노력한다 — 는 것이다. 이 가정은 시장이,

구매자는 기꺼이 지불하고 판매자는 기꺼이 수용하는 '가격을 결정한다'는 발상으로 이어진다.

애덤 스미스(Adam Smith)가 설파한 이 핵심적인 발상은 모든 사람이 자신의 이윤을 극대화하거나 극대화하려고 노력해야 한다는 것이다. 이른바 스미스의 '보이지 않는 손'에 의해, 말하자면 자연적으로 시장은 구매자와 판매자 모두의 이윤을 극대화하며, 그래서 국가를 비롯한 모든 사람에게 도움이 된다.[1]

이것은 이상화이다. 이것은 도덕적으로 간주된다. 모든 사람이 자신의 이윤을 극대화하는 것이 자연스러운 것으로 간주되기 때문이다. 즉 스미스가 기술한 체계는 이 세계, 적어도 경제 세계가 어떻게 작동하는가에 대한 정확한 설명이기 때문이다.

이 이상화로 인해 경제학자들이 보기에 실제로는 옳지 않은 많은 가정이 나온다. 즉 완벽에 가까운 경쟁이 있으며, 구매자와 판매자 둘 다 완벽한 지식이 있으며, 접근 가능성이 동등하며, 가격을 부풀리려는 판매자들의 담합이 전혀 없으며, 구매자와 판매자는 힘이 둘 다 똑같으며, 구매자와 판매자 둘 다 합리적으로 행동한다는 등의 가정이다.

이 가정들은 잘못된 것이다. 그리고 이러한 사실은 많은 종류의 시장에서 자연적이고 도덕적인 국면의 심각한 문제를 야기한다. 그럼에도 불구하고 일반적으로 진보주의자와 보수주의자는 모두 이 이상화를 옳은 것이라고 가정한다.

이것들은 경제 세계가 어떻게 작동하는지를 현실적으로 가정한 것이다. 그러나 문제가 가치 — 시장은 어떻게 작동해야 하는가? — 에 이르게 되면, '엄격한 가정' 모형에서 나오는 해결책과 '자애로운 가정' 모형에서 나오는 해결책은 현저하게 달라진다. 그리고 이상화의 문제는 더 분명해진다.

보수주의적 우상 숭배

엄격한 아버지 모형에서는 '자유시장'이 중요한 암묵적 역할을 수행한다. 시장은, 절제하는 사람들은 이익을 통해서 보상을 받으며, 절제하지 못하는 사람들(따라서 비도덕적인 사람들)은 빈곤을 통해 벌을 받는 경쟁 체계이다. 시장은 도덕성의 도구이다. '자유시장'은 자연스럽고 도덕적이며 공정하다고 간주되기 때문에, 다음과 같은 '엄격한 아버지' 논리가 적용된다. 만일 당신이 성공하지 못한다면 그것은 당신이 절제하지 못한다는 것을 의미한다. 그리고 만일 당신이 절제하지 못한다면, 당신은 도덕적일 수 없으며, 따라서 당신은 빈곤하게 살아 마땅하다.

시장 대 근본주의 경제학의 관계는 하나님 대 근본주의 종교의 관계와 같다. 하나님은 자신의 계명에 따라 절제하는 사람들에게는 상을 내리며, 절제하지 않거나 거역하는 죄인들에게는 벌을 내리기 때문이다. 근본주의 종교와 마찬가지로 보수주의자의 시장은 철저하게 개인주의적이다. 당신은 당신 혼자서 천국행이나 지옥행을 책임지고, 시장에서 성공이나 실패를 책임진다. 하나님과 마찬가지로 시장은 당신이 얼마나 절제하는가에 따라 보상하기도 하고 응징하기도 한다.

경제를 대하는 이 보수적인 견해와 잘 어울리는 수많은 함의가 있다.

이윤 동인은 최대 효율을 보장하는 것으로 간주되며, 따라서 시장은 개인의 필요를 가장 잘 충족시켜준다. 정부가 이상화된 '자유'시장에 간섭을 하면, 그것은 낭비적이고 비효율적이라고 간주된다. 정부는 다음과 같은 네가지 방식으로 간섭한다.

- 개인이나 기업이 이윤을 내기 위해 할 수 있는 일을 제한하는 규제.
- 이윤을 빼앗아가는 것으로 간주되는 세금.
- 기업의 이윤과 투자자의 이윤을 감소시키는 노동자의 권리와 노동조합.
- 기업의 이윤과 투자자의 이윤을 빼앗아갈 수 있는 불법행위 배상 소송.

이것이 바로 우익이 규제 완화를 지지하고, 과세에 반대하며, 노동조합과 노동자의 권리에 반대하고, '불법행위 배상 소송 개혁'에 찬성하는 이유이다.

보수주의 종교에서와 마찬가지로 보수주의 경제학에서도 역시 지구는 인간이 자신의 이익을 위해 사용해야 한다. 자연은 바로 인간의 이익을 위해 존재한다. 사유화되지 않아서 생산에 사용되지 않는 물건들은 가치가 없다. 따라서 사유화될 수 있는 한 모든 것은 개발을 위해 양도되어야 한다. 개인적인 이윤을 위해 상품화되지 못하도록 막아야 하는 공유지 개념 ─ 모든 인류의 자연 세계 공동 유산인 ─ 은 있을 수 없다.

진보주의 도덕성

　타인에 대한 감정이입, 그리고 자신과 타인에 대한 책임감으로 활동을 시작하는 진보주의자들에게 시장은 사람들을 자유롭게 하는 역할을 해야 한다. 즉 사람들을 궁핍에서 자유롭게 하고, 손해에서 자유롭게 하고, 두려움에서 자유롭게 하고, 사람의 필요를 자유로이 충족시켜주고, 꿈을 자유로이 실현하도록 해주어야 한다. 간단히 말해서 시장의 임무는 공익을 위해 봉사하는 것이다. 즉 시장의 임무는 일을 하는 모든 사람에게 적절한 생계를 꾸려가게 해주고, 궁핍이나 질병, 손해, 무지, 편협한 신앙, 두려움에서 자유를 얻도록 도움을 주고, 자연 세계를 보존하고, 민주주의를 유지하는 것이다.

　진보주의자들은 시장이 어떤 경우에 이상화에서 일탈하는가, 그리고 시장이 어떤 경우에 기대를 충족시키지 못하는가, 정부가 어떤 경우에 필요한가에 초점을 맞추게 된다. 시장의 성공을 정의하는 이러한 목적으로, 진보주의자들은 자신들이 무엇을 실제적이거나 잠재적인 시장 '실패' 또는 '과잉' — 시장이 제대로 작동하여 공익에 부합하도록 해주는 정부의 역할을 필요로 하는 — 으로 보는가를 정확하게 알고 있다.

급진적인 보수주의자들에게 자유시장에 대한 정부의 해로운 개입으로 보이는 모든 것들이 진보주의자들에게는 시장의 **성공**을 위해 절대적으로 필수적인 정부의 지원으로 간주된다.

- 규제는 파렴치하고 무책임한 기업의 해로운 생산품과 사기에서 대중을 보호한다.
- 과세는 개인의 필요와 꿈을 성취하는 데 필요한 공동 기반시설을 건설하기 위해 공공 재원을 끌어모은다. 누진세는 공평하다. 공공 재원에서 가장 많은 이익을 얻는 사람들이 공공 재원을 지키는 비용을 가장 많이 감당해야 한다.
- 노동조합과 노동자 권리는 직무 협상에서 힘의 불공평한 분배를 바로잡고, 안전하고 건강하며 윤리적인 일터를 조성하는 데 도움이 된다.
- 불법행위 배상 소송은 대중에게 손해를 끼치지 않도록 무책임한 회사를 설득하기 위한 마지막 장치 — 보호 기준 — 이다.

앞에서 언급한 바와 같이 이 경우에는 공익의 원칙이 핵심이다. 지금까지 공공 재원은 고속도로를 건설하고, 인터넷과 위성 체계를 개발하며, 금융 체계를 지원하고, 주식 시장을 통제하며, 계약의 이행을 보중하는 사법 체계를 지원하기 위해 사용되었다. 공공 재원을 대규모로 사용하지 않고서는 시장 내의 어떤 기업 활동도 존재할 수 없다. 공공 재원의 대량 사용은 시장의 존재와 번성에 필수적이다. 그러므로 시장에서 이익을 얻는 사람들은 공공 재원을 보충할 도덕적 의무가 있다.

진보주의자들은 시장이 도덕적 목적, 즉 진보적인 도덕적 목적을 충족시키는 것으로 본다. 그리고 진보주의자들은 보수주의 이념이 은폐하는 다음과 같은 사실을 알고 있다. 정부의 건설적인 역할이 없다면, 시장은 번성할 수 없고 공익을 충족시킬 수 없다. 이것이 바로 '자유시장'을 이야기하면서 보수주의자들이 무시하는 것이다.

자유시장 신화

'자유시장'의 보수적인 이상화는 현실과 아주 거리가 멀다. 실제로 이 이상에 따라 살아가려는 기대는 해로운 것이다. 다음이 바로 보수주의자의 자유시장 프레임 속에 들어 있는 것이다.

시장은 정부가 규제하지 않거나 간섭하지 않을 때 자유롭다. '보이지 않는 손'을 통해서 시장은 모두를 위해 효율성과 부를 극대화한다. 정부의 시장 '개입'은 자유를 억압하고, 비효율과 낭비를 초래하며, 모두를 위한 수익성을 억제한다. 자유시장은 모두에게 열려 있어서 모두가 접근할 수 있다. 시장에서 이윤을 추구하는 것은 자연스럽고 도덕적이며 공정하다. 시장은 이익을 전체적으로 극대화하기 때문에 자유에 기여한다. 따라서 자유시장을 보장하는 것은 도덕적 대의이다.

이것은 그럴 듯하게 들리지만 '자유시장'은 신화이며, 보수주의자들은 이 점을 잘 알고 있다! 그들은 정부의 시장 규제와 시장 참여가 유익할 수 있다는 것을 이해한다. 예를 들면, 의회와 행정부 내의 가장 강력한 자유시장 지지자들은 항공 산업이 미국의 가장 중요한 핵심이라는 근거에서 9·11 테러 이후 150억 달러나 되는 거액의 구제 금융을 항공사에 지원하고서도 눈 하나 깜짝하지 않았다.[2] 그들은 매년 높은 비율의 연방 예산을 사설 경호 회사에 보내 공적 재산을 개인 소유자에게 넘긴다. 그들은 석유 회사를 지원하기 위해 수백억 달러를 소비한다.[3] 그들은 농업 관련 기업이 높은 이익과 낮은 식품 가격을 유지하도록 가격 보전금을 지원한다.[4] 여러 세대에 걸쳐 그들은 공중파나 토지, 물, 석유 사용권과 같은 공적 자원을 개발회사에 경매로 팔거나 넘겨주었다.

이것은 부의 상향적 재분배 사례이다. 즉 평범한 납세자에게서 나온 부를 부유한 소유권자나 경영자, 주주에게 넘기는 사례이다. 이러한 시장 개입은 보수주의자들이 아주 중요한 국익이라고 믿는 것을 장려한다.

그러나 정부가 일하는 사람들이나 소비자, 환경을 위해 개입할 때,

보수주의자들은 부당하다고 외치며 '자유시장' 프레임을 동원한다. 이러한 개입이 자신들의 정치 철학에 들어맞지 않기 때문이다. '자유시장'은 시장이 공익을 위해 계속 작동하도록 해주는 본질적인 규칙들을 공격하는 데 사용되는 슬로건이다. 이제 '자유시장'의 신화를 끝내야 할 때가 되었다.

신화 1: 완전한 '자유시장'은 이상이다. 완전한 자유시장—즉 정부의 개입이 전혀 없는 시장—이 어떤 모습일 것인지 생각해보라. 전혀 규제를 받지도 않고 소송을 당하지도 않을 것이라는 것을 알기 때문에, 제약 회사는 완전한 시험을 거치지 않고도 약을 팔 수 있다. 광산 회사가 노동자들을 보호해야 할 유일한 동인은 너무 많은 노동자가 죽으면 노동 공급이 줄어들어 노동 비용이 오르거나 회사에 대한 반감이 생길까에 대한 우려일 것이다. 석유 회사의 입장에서 가솔린에서 납을 제거해야 할 유일한 동인은 납의 대기 유입에 기인한 잠재적인 홍보 문제일 것이다. 실제로 산업혁명 초기에 세계는 바로 이런 모습이었으며, 노동자들에게는 아주 힘든 시기였다. '자유시장'은 기업이 서민에서 부를 빼앗고, 자신의 이익을 위해 우리들에게 비용을 감당하도록 한다는 것을 의미한다.

신화 2: 사람은 합리적으로 행동한다. 자유시장 뒤에 숨은 핵심적 가정은 소비자들이 '합리적'이며 언제나 자신의 이익을 극대화하기 위해 행동한다는 것이다. 인지과학과 인지심리학의 연구로 이제 우리는 사람들이 실제로는 그렇게 행동하지 않는다는 것을 알고 있다. 프레임과 은유, 원형, 여타의 비논리적 인지 기제가 사람들의 결정에 주요하게 작용한다. 소비자들은 완벽한 비용/이익 분석에 근거하여 결정을 내리지 않는다. 손쉬운 가정, 그리고 위험 부담과 보상의 불균등, '공돈'과 번 돈에 대한 다른 태도, 여타의 요인에 근거하여 결정을 내린다. 이로 인해 소비자들은 극도로 효율적인 기업을 상대할 때 시장에서 손해를 본다.

신화 3: 운동장은 평평하다. 회사에는 두 종류의 종업원—(상부 경영진과 창조적인 사람들인) 자산과 (교체할 수 있으며 '노동 시장'에서 구할 수 있는 사람들인) 자원—이 있다. 자원의 비용이 줄어들 때 이익은 늘어난다. 이에 따라 이익을 늘리려는 압박은 임금을 끌어내리는 경향이 있다. 시장의 시각에서, 구직자들은 자신의 노동을 팔기 원하고, 회사는 그 노동을 가능한 한 적은 비용으로 사려고 한다. 실업 상태는 구직자들 사이의 경쟁을 유발하여 회사의 수익성에 도움을 준다. 구직자들이 '가격', 즉 임금을 내리기 때문이다. 그러한 상황에서는 일을 찾는 개인들에게 자신의 임금을 올릴 동력이, 설령 있다 하더라도, 아주 조금밖에 안된다. 그 힘은 고용주의 것이다. 노동조합은 노동 시장을 독점하여 노동에 대해 청구할 수 있는 가격을 끌어올림으로써 그 힘의 균형을 바로잡는 데 기여한다. 최저 임금은 고용주들이 노동의 가격을 정할 때 얼마나 낮게 내려갈 수 있는지 그 최저 한계를 정해놓는다. 존재하지 않는 이상적인 '자유'시장에는 그러한 차별적인 힘이 전혀 없다. 노동조합을 적대시하고 최저 임금에 반대하는 보수주의자들은, 그러한 '자유시장'에서는 시장이 임금을 정해야 하며, 그밖의 다른 어떤 것도 불공정하다고 주장한다. 현실 시장에서는 종업원과 고용주 사이의 운동장이 결코 평평하지 않다.

신화 4: 회사의 대차대조표는 실제 비용을 반영한다. 기업이 비용을 외부로 돌려 정부나 대중이 그 비용을 감당하게 하는 것은 흔한 일이다. 많은 회사가 자신의 쓰레기 처리비용을 내지 않으며, 오히려 공기나 물을 실제로 오염시켜서 대중에게 사업비용을 떠넘긴다. 많은 기업이 일반 시장에서 지불하는 적은 금액으로 정부 소유의 땅에서 자원—석유, 광물질, 목재 등—을 추출한다. 이것은 대중이 소유하는 자원이며, 그 '실제 비용'을 대중이 감당하고 있다. 다른 기업들은 대중들에게 공짜로 자신들을 위해 일하게 한다. '고객 상담소'에 전화를 하고 지루하게 기다려야 할 때 당신의 시간이 사용되고 있으며, 따라서 회사는 고객 상담 전화를 처리하기 위해 더 많은 사람을 고용할 필요가 없다. 이 경우에 당신은 그 회사를 위해 일하고 있는 것이다. 어떤 회사가 고객에게 자기 회사의 웹싸이트에서 정보를 찾아보라고 말할 때에도 미친가지이다. 소비되고 있는 것은 바로 고객의 시간과 노력이다. 이것들이 바로 실제 비용을 '외부로 돌려' 더 많은 이익을 내는 방법이다. 비용을 외부로 돌리지 못하게 막으려는 진보주의자들은 궁극적으로 시장을 이상적인 '자유시장'에 더 가깝게 만들기 위해 애쓰고 있다.

신화 5: 모든 것이, 심지어 생명조차도 공정한 금전적 가치가 있다. 시장이 어떻게 인간의 생명에 적정한 값을 매길 수 있는가? 멸종 위기에 처한

종에는? 건강한 생태계에는? 미학에는? 완전한 자유시장에서는 값이 수요와 공급을 통해 결정된다. 즉 값이 비용/이익 분석을 통해 계산된다. 생명보험회사는 인간의 생명에 금전적 가치를 매긴다. 기업은 비용/이익 분석을 사용하여 자동차나 약을 만드는 것이 얼마나 안전한가를 결정한다. 에이치엠오(HMO)*는 환자를 전문의에게 보내는 것 또는 자기공명영상 촬영(MRI)을 실시하는 것이 그만한 '가치가 있는지'의 여부를 결정하기 위해 비용/이익 분석을 사용한다. '자유시장' 프레임은 이것이 '공정한 비용'이며, 이 과정은 언제나 도덕적이라고 가정한다. 사실은 이러한 것들에 '공정한 가격' 같은 것은 전혀 없다.

신화 6: 시장은 도덕적 판단의 범위 밖에 있다. 보수주의자들은 통제 없는 자유시장이 본래 자연적이며 공정하다 — 모든 사람을 위한 이익을 극대화한다는 점에서 본유적으로 도덕적이다 — 고 본다. 그러나 우리가 앞에서 살펴본 바와 같이 기업의 결정이 인간의 건강과 생명, 종의 생존 등에 영향을 미친다. 이것들은 도덕적 요인이다. 따라서 우리는 이러한 요인을 무시할 수 없다.

신화 7: 모든 사람은 자력으로 성공할 수 있다. 실제로 어떤 개인이 자력으로 성공할 수 있다는 것은 사실이지만, 모든 사람이 그렇게 할 수 있

---

* 에이치엠오(HMO): 의료보험 관리기구(Health Maintenance Organization). 민간 의료보험으로 기본적으로 가입자에게 일차진료 의사(Primary Doctor)를 지정하도록 요구하며, 본인과 가족의 건강관리와 질병예방을 위해서 가정주치의(Home Doctor)를 지정하도록 권장한다.

다는 것은 사실이 아니다. 우리 경제는 저임금 노동의 덫에 의해 구조화된다. 즉 우리 경제는 햄버거를 굽고, 식당에서 봉사하고, 정원을 손질하고, 도살장을 청소하고, 과일과 채소를 따는 사람들에 의존한다. 이러한 많은 노동자들은 자력으로 성공할 수 없다. 그런 일자리가 모든 사람을 위해 존재하지는 않기 때문이다. 또한 창업 자본이 모든 사람을 고용할 수도 없기 때문이다. 그리고 만일 정말로 모든 사람이 자력으로 성공한다면 누가 그 일을 할 것인가?

정부 대 시장

'자유시장 프레임'은 정직한 기술이 아니다. '자유시장 프레임'은 주요한 도덕적 함축을 지닌다. 이 프레임에서 사유화와 규제 완화는 '더 작은 정부'를 만드는 미덕으로 간주된다. 이것은 오류이다. 사유화와 규제 완화는 책임감이 더 약한 정부를 만든다.

거버넌스(governance)*의 보존이라는 새로운 개념을 살펴보자. 일

---

* 거버넌스(governance): 중앙집권적 관료구조에 바탕을 둔 전통적 행정을 대체하는 신(新)국정관리 개념으로서, 오늘날의 행정이 시장화·분권화·네트워크화·기업화·국제화를 지향하고 있음을 내포한다. 거버넌스의 가장 중요한 특징은 기존의 행정 이외에 정부·민간부문·시민사회를 포함하는 다양한 구성원 사이의 네트워크를 강조한다는 점이다.

반적으로 거버넌스는 의사 결정과 관련이 있다. 어떤 영역에서는, 개인들에게 스스로의 선택에 의해 자신의 삶의 경로를 결정하도록 하는, 개인적인 자율 — 어디에서 살고 싶은지, 무엇을 읽을 것인지, 무슨 옷을 입을 것인지, 무슨 음식을 먹을 것인지 등 — 을 통해 거버넌스를 해결하는 것이 가장 좋다. 단 이러한 선택이 동일한 선택을 할 수 있는 타인의 능력을 침해하지 않아야 한다. 다른 영역에서는 전형적인 소비재의 가격이 얼마나 되는지를 결정하도록 거버넌스를 시장에 맡기는 것이 가장 좋다. 공산주의 사회와 사회주의 사회는 계획경제가 그다지 잘 작동하지 않는다는 것을 보여주었다. 공공 영역에서는 민주적인 제도를 통해 의사결정이 이루어져야 한다. 즉 선출된 지도자가 누구일 것인지, 정부가 돈을 어디에 그리고 어떻게 소비할 것인지, 정부가 어떤 형태일 것인지, 시장에 참여하는 사람들이 수용 가능한 기준은 무엇인지 등에 대해 민주적 제도를 통한 의사결정이 이루어져야 한다는 것이다.

그러나 의사결정 권력 내의 위험한 변동이 일어나고 있다. 이 변동은 사유화와 규제 완화를 강조하는 보수주의자들에 의해 촉발되고 있다. 예를 들어, 에이치엠오와 제약 회사가 사람들이 어떤 유형의 의료 보험을 가질 것인가와 그 비용이 얼마나 될 것인가를 결정한다. (최근의 처방 의약품 법안은 노인의료보험과 제약 회사의 다량 구매 할인 협상조차도 막는다.) 우리가 대기에 얼마나 많은 이산화탄소를 배출할 수 있는지와 자동차의 연비가 얼마나 효율적일 것인지를 자동차 회사가 결정한다. 에너지 산업이 우리가 어떤 유형의 에너지를 사용하는지와, 그 에너지의 환경 영향, 그 에너지의 사용 비용이 얼마나 될 것인지를 결정한다. 사설 평가 회사가 아이들이 무엇을 배워야 하는지와 그것을 어떻게 배워야 하는지를 결정한다.

이것들은 공익에 영향을 주는 도덕적 결정이다. 그 자체로서 공적인 논의를 거쳐야 하며, 의사결정자들은 대중에게 알려진 사람들로서 책임을 질 수 있어야 한다. 간단히 말해 의사결정은 기업 주도적 정부가 아니라 민주적으로 선출된 정부가 해야 한다. 그러면 (비록 특별한 이익을 얻기 위해 정부를 조종할 수는 있지만) 이상적으로 대중을 위한 의사결정이 이루어진다. 그러나 정부 기능이 사유화되고 산업이 규제에서 자유롭게 될 때 이러한 의사결정은 주주의 이익을 위한 이사회에서 내려진다. 기업은 법률상 주주의 이익을 극대화하도록 되어 있기 때문에, 또한 공공 안녕이나 다른 측면의 공익에 지출하면 이익이 줄어들기 때문에, 기업 주도적 정부는 공익을 위해 일하지 않을 이유가 있다.

사유화와 규제 완화는 도덕적 임무를 지니고 민주적으로 선출된 정부를 이익 창출 임무를 지닌 기업에 내어주게 만든다. 그 결과는 민주주의(democracy)를 기업지배주의(corporatocracy)로 전환하는 꼴이 된다.

이익과 인간 존엄성

불행하게도 규제받지 않는 '자유시장'에 대한 보수주의적 견해가 지금까지 많은 미국인의 상상력을 사로잡았다. 보수주의자들이 이 아이디어를 꽤 오랫동안 효과적으로 전달해왔기 때문이다. '자유시장'과 같은 용어나 '당신은 당신의 돈을 정부보다 더 잘 쓸 수 있다'는 가정이 논증을 보수적인 방식으로 끌고 간다. 이로 인해 진보주의자들은 자신의 이상을 제시하는 것이 불가능하지는 않더라도 어려워진다.

우리는 어떤 대안 프레임을 사용할 수 있는가? 어떻게 보수주의자가 아니라 우리에게 중요한 문제에 논쟁의 초점을 집중시킬 수 있는가?

모든 이슈에 대해 자유시장을 주창하는 보수주의 원칙에 대처하는 방식은 인간 존엄성과 공익을 우선시하는 진보주의 원칙이다. 우리는 시장에 봉사하는 인간이 아니라 인간의 가치에 기여하는 시장에 관심이 있다.

예를 들어, 건강보험의 문제를 살펴보자. 보수주의자들은 사람들이 부에 근거하여 시장이 제공하는 최고의 건강보험 또는 최저의 건강보험을 받아야 한다고 믿는다. 보수주의자들에게 건강보험은 본질적으로 목화나 석탄과 같은 상품이다. 진보주의자들은 모두가 — 미국 사람이기 때문에 그리고 사람이기 때문에 — 이용할 수 있는 건강보험의 어떤 수용 가능한 기준이 있어야 한다고 믿는다. 이것이 바로 인간의 존엄성을 진지하게 고려한다는 것의 의미이다. 사람의 건강을 시장이라는 예측 불가능한 변화에 맡겨서는 안된다. 특히 미국의 거대한 부를 감안할 때 더욱 그래서는 안된다. 진보주의자들은 또한 건강한 국민들이 전체적으로 건강한 국가를 의미할 것이라고 믿는다. 아무튼 질병은 전염될 수 있다. 우리 중의 일부를 치료하지 못하면, 대다수에게 질병이 확산될 수 있다.

보수주의 세계관에서는 심지어 환경조차도 시장의 수요에 따른다. 보수주의자들은 깨끗한 공기와 깨끗한 물이 어느 정도의 가치가 있는가를 시장이 결정해야 하고, 이 결정이 비용/이익 분석에 합치해야 한다고 믿는다. 간단히 말해서 깨끗한 환경은 또하나의 상품이다. 그것이, 우리의 자손들을 위해 보존해야 한다는, 공동체로서의 어떤 책임보다도 더 중요하다. 진보주의자들은 깨끗한 공기와 깨끗한 물에 대해서는 양도할 수 없는 권리가 있으며, 모든 인간이 그 권리를 누릴 자격이 있다고 믿는다. 이것도 역시 인간 존엄성과 공익의 문제이다.

교육 문제에 관해서도 보수주의자들은 당신이 얼마나 많은 교육을 받을 것인지를 시장이 결정해야 한다고 믿는다. 무임승차는 없다. 보수주의자들은 '경쟁'과 '소비자 선택'의 이슈를 학교교육에 적용한다. 진보주의자들은 인간이 존엄하기 때문에 그리고 민주주의가 성공적으로 작동하기 위해 모든 미국인이 적정한 교육을 받아야 한다고 믿는다.

복지, 사회보장제도, 교통 등의 경우도 마찬가지이다. 보수주의자들은 시장에는 최저한도가 없으며, 따라서 불가피하게 많은 사람이 손실을 겪게 될 것이라고 반복적으로 주장한다. 이것은, 시장이 인간의 존엄성을 존중해야 하며 이익을 추구하면서도 공익에 기여해야 한다는 진보주의 견해와 날카롭게 대립한다. 사람들의 꿈은 공익에 의존한다.

시장의 실패

30년 전에는 가장 부유한 1퍼센트가 미국 부의 1/5 이하를 소유했다. 연방준비이사회*의 최근 보고에 따르면 현재는 가장 부유한 1퍼센트가 미국 부의 1/3을 소유하고 있다.[5] 이 구도에는 무슨 문제가 있는가? 보수주의자들은 아무런 문제도 없다 — 이것은 자유시장의 자연적인 귀결이며 또한 공정한 것이다 — 고 말하는 경향이 있다. 만일 당신이나 당신 조상이 자유시장에서 10억 달러 또는 100억 달러를 축적했다면 그것은 정당하다.

그러나 이러한 생각은 당신이나 당신 조상이 혼자 힘으로 돈을 벌

---

* 연방준비이사회(Federal Reserve Board): 1913년 창설된 연방준비제도(FRS)의 결정 기구로, 재할인율 등의 금리 결정, 재무부채권부 채권의 매입과 발행, 지급준비율 결정 등을 한다.

었다는 가정에 근거한 것이다. 그러나 공익을 위한 공공 재원의 원칙에 의거하여, 우리는 어떤 사람도 이 나라에서 자기 혼자 힘으로는 성공할 수 없다는 것을 알고 있다. 또한 당신이 더 큰 성공을 거둘수록 공공 재원을 더 많이 사용했으며, 공공 재원을 유지하기 위한 책임을 더 많이 져야 한다는 것을 알고 있다.

또다른 관점에서 보면 그것이 모두 '당신의' 돈은 아니다. 즉 어느 누구에게도 의존하지 않고 완전히 당신 혼자서 번 돈은 아니라는 것이다. 거대한 부는 다른 사람들의 돈을 사용하지 않고서는 결코 축적할 수 없다. 거대한 부는 납세자들이 비용을 부담한 기반시설, 납세자로부터 당신에게로 직접적인 부의 이전, 정부 보조금, 기업 비용의 탕감, 세제상 특혜, 무입찰 계약 등을 통해서 축적되었다. 이것은 서민에게서 부유한 사람에게 부가 이전된 것이며, 그러한 관점에서 논의되어야 한다. 공공 재원의 기반시설은 미국 자본주의의 위대한 성취의 하나이다. 그것은 모든 사람이 이용하기 위해 존재한다. 그렇지만 만일 당신이 거대한 부를 축적한다면, 다른 사람들이 그 기반시설을 사용할 수 있도록 유지하기 위한 저전한 비용을 다시 내어놓을 책임이 있다. 부동산세가 부를 환원하는 가장 쉬운 방법이다. 죽을 때까지 돈을 별도로 낼 필요는 없다. 그리고 당신의 상속자들은 ㄱ 돈을 벌기 위해 일하지 않았음에도 불구하고 거대한 부의 절반을 받는다.

몇달 전 로크리지연구소는 하와이에 사는 30세 남자에게서 짧은 편지를 받았다. 그는 하와이에서 자랐으며 지금까지 그곳에서 산다.

그런데 이제 그는 더이상 그곳에서 살 여유가 없다. 수많은 부자들이 그곳에 두번째 세번째 집을 (휴가용 별장으로) 사기 때문에, 이제 많은 평범한 노동자들이 그 시장에서 집을 사거나, 그의 경우처럼 아파트 임대료를 지불할 여유조차 없다. 간단히 말해서 부유한 사람들이 아름다운 곳에 있는 집을 여러 채 사서 별장으로 가꾸는 방식으로 자신들의 돈을 희귀한 자원에 투자하고 있다. 이로 인해 최고의 부자들만이 인생에서 아름답고 희귀한 것들을 접하게 되는 경향이 있다. 해일이 남아시아의 아름다운 어촌들을 완전히 휩쓸었을 때, 그 어촌들은 대부분 해변의 리조트 호텔과 부자들을 위한 맨션으로 바뀌었다. 그래서 전통적인 어부들은 조상 대대로 내려오던 집도 빼앗겨버렸다. 허리케인 카트리나(Katrina)가 오기 전 루이지애너 연안의 가장 아름다운 지역에 살던 평범한 주민들 또한 이러한 운명을 맞을지 모른다. 다시 한번 이것들은 부가 부유한 사람들에게로 넘어간 경우들이다. 이 이슈는 돈 이상의 문제이다. 즉 부동산을 비롯해서 일상생활의 경이롭고 진귀한 것들에 대한 접근의 문제이다.

우리는 거의 완벽에 가까운 시장이 존재하고, 구매자와 판매자가 대등한 경기자이며, 자유로운 선택이 있다고 믿는 보수주의자들의 '자유시장'에 대한 거짓된 이상화로 논의를 시작했다.

그러나 일탈은 도처에 존재한다. 모든 산업에서 이루어지는 기업 합병 — '병합과 취득' — 은 경쟁을 심하게 제약했으며, 더 많은 재산을 서민들에게서 부유한 사람들에게 넘겨줌으로써 가격과 이익을 늘렸다. 규제 완화로 기업은 지식에 근거하여 소비자보다 더 많은 이익을 챙겼다. 어떤 약이 해로운지 또는 어떤 자동차가 고장이 날 것인지, 언제 페인트가 벗겨질 것인지는 소비자가 아니라 기업이 알고 있기 때문이다. 거대 기업은 소규모 사업체보다 시장 — 예를 들어, 슈퍼마켓의 진열대 — 에 훨씬 더 많이 접근할 수 있다. 가격 담합이 널리 퍼져 있으며, 교묘해졌다. 당신에게는 생명과 관련된 처방 약을 살 때 자유로운 선택권이 없다. 월마트(Wal-Mart)는 노동조합이 없는 분점에 고용된 사람들보다 훨씬 더 큰 힘이 있다. 그리고 모든 판매자는 소비자가 실제로 합리적으로 행동하지 않는다는 것을 알고 있다. '자유시장'은 자유롭지 않다.

시장은 도덕적 기능을 가지고 있으며, 도덕적 가치와 원리들을 충족시키도록 구성된다. 보수주의자들은 지금까지 자신의 도덕적 세계관에 부합하도록 시장을 정의해왔다. 진보주의자는 뒤처져 있다. 이제 진보주의자들이 목소리를 높여야 할 때이다.

⋮6장⋮ 근본적 가치

보수주의 세계관 모형과 진보주의 세계관 모형은 철저하게 다른 일련의 원칙들을 보여준다. 그렇지만 우리는 보수적인 정치가와 진보적인 정치가 둘 다 가치들의 동일한 집합 ─ 공정성, 평등, 책임, 자유, 신뢰성, 안보 ─ 에 대해 이야기한다는 사실을 반복적으로 경험하고 있다. 흔히 그들이 말하는 것에는 모종의 합의가 있다. 정치적 차이에도 불구하고, 일요일 아침 토크쇼의 다양하고 거친 수사에서 보듯이, 미국인으로서 우리는 사람들의 예상보다 훨씬 더 많은 이상을 공유한다.

그렇지만 어떤 경우에는 보수주의자들과 진보주의자들이 가치의 의미를 놓고 아주 다른 견해를 가지고 있다.

예를 들어, 펜씰베이니아 하원의원 존 머사(John Murtha)가 미국의 이라크 점령을 2005년 말 공개적으로 반대한 데 대해 진보주의자들은 그를 용기 있는 사람으로 보았다. 진보주의자들은 머사 의원이 아주 힘든 상황에 있는 미군을 지원하는 것으로 간주했다. 그들은 점령을 중단해야 한다고 믿었다. 그러나 보수주의자들은 머사 의원이 자신들의 이른바 '황급히 도망치기' 입장을 취하고 있다는 이유로 그를 겁쟁이로 보았다. 보수주의자들은 그 입장을 우리 군을 지원하지 않는 것으로 보았다. 어떤 사람에게는 용기의 본보기인 것이 다른 사람에게는 비겁함이 되었다.

또하나의 실례는 이른바 '결혼의 자유' 운동이다. 이 운동에서는 동성 결혼이 개인의 자유의 문제로 간주된다. 정부가 당신의 인생에서 어쩌면 가장 중요하고 도덕적이며 개인적일지도 모르는 결정에 관여해서는 안된다. 진보주의자들은 이 상황을, 국제결혼을 금지하는 구시대적 법이 폐기되었던 시기의 자유의 신장에 비유한다.

죠지 부시 대통령도 이것을 '자유'의 문제로 간주한다. 그러나 그는 2006년 6월 5일 이에 대해 정반대의 결론을 제시했다. 그때 의회는 '동성 결혼'을 금지하기 위해 헌법 수정안을 치리했다.

우리의 자유로운 사회에서 결혼과 같은 근본적인 사회제도에 대한 결정은 국민들이 내려야 한다. 미국인들은 자신들이 선출한 대표를 통해, 그리고 무기명 투표에서 이 문제에 대한 입장을 분명히 밝혔다. 1996년 의회가 상원과 하원 의원들의 절대 다수의 지지로 결혼보호법(Defense of Marriage Act)*을 승인하고 클린턴 대통령이 이 법에 서명하여 공표했다. 그후 19개 주가 전통적인 결혼 정의를 지키고 주 헌법을 수정하기 위해 주민투표를 실시했다. 모든 경우에 그 수정안은 평균 71퍼센트의 지지로 절대 다수가 승인했다.[1]

진보주의 세계관에서 이것은 정부의 통제를 넘어서는 개인의 자유의 문제이다. 보수주의 세계관에서는 정부가 결정을 내릴 도덕적 권위를 지니며, 자유는 선출된 관리의 투표권 행사이다.

이러한 상황은 바로 '자유'와 같은 낱말이 표현하는 개념을 두고 경쟁하고 있다는 사실에서 비롯된다. 경쟁적인 개념**은 다른 사람에게는 다른 의미를 지니는 개념이다. 영국의 정치학자 갤리(W. B. Gallie)는 1950년대 말 '예술'이나 '민주주의'와 같은 실례를 사용하여 최초로 그

---

* 결혼보호법은 결혼의 개념을 '한 남자와 한 여자의 결합'이라 명시하고 있다. 이 법의 공표에도 불구하고 미국은 연방제 국가로서 각 주의 결정을 존중하기 때문에, 버몬트 주, 매써추쎄츠 주, 캘리포니아 주 등은 동성 결혼은 인정하되 전통적 '혼인'(marriages) 신고가 아니라 이와는 별개의 개념인 '결합'(civil union) 신고로 수리하고 있다.

** 경쟁적인 개념(a contested concept)은 서로 다른 일련의 가치나 원리를 지닌 집단들이 자신들의 정체성을 보여주거나 사회적 주도권을 잡는 데 이용하기 위해 서로 차지하려고 경쟁하는 대상 개념을 가리킨다. 예를 들어, 미국의 진보주의자나 보수주의자 모두 자신의 가치를 대변한다고 주장하며, 서로 다르게 해석하고 있는 '자유' 개념을 보라.

개념들의 속성을 기술했다.[2] 갤리와 다른 사람들, 특히 언어학자들은 경쟁적인 개념이 갖는 모종의 규칙성에 주목했다.

- 그러한 모든 개념에는 일반적으로 동의하는 무경쟁적인 핵심이 있다. 즉 논쟁의 여지가 전혀 없는 실례 또는 실례들의 부류가 있다.
- 그러한 각각의 개념은 평가적이다. 즉 어떤 가치를 표현한다. 그리고 경쟁은 가치 차이에서 나온다.
- 그 개념의 그러한 무경쟁적인 핵심은 각각 복합적인 구조를 지니며, 경쟁적 해석들은 그 복합 구조의 변이이다.

만일 어떤 개념이 경쟁적이라면, 그 개념에는 어떤 명확한 논리가 있을 수 없다고 믿는 철학자들과 정치학자들이 있었다. 다양한 사람들이 제멋대로의 상이한 견해들을 갖고 있었기 때문에 상황은 혼란 그 자체였다. 그러나 사람들이 경쟁적인 개념을 논쟁에서 반복적으로 이해할 수 있는 방식으로 사용한다는 사실 자체가 결론을 도출할 수 있는 논리가 있음을 암시한다. 그리고 실제로 그렇다. 그 체계는 인지과학자 앨런 슈워츠(Alan Schwartz)와 죠지 레이코프(George Lakoff)가 발견했다.[3]

미국의 중요한 여섯가지 가치를 살펴보자. 그리고 그 가치들에 대한 진보와 보수의 이해가 어떻게 다른지, 이러한 차이가 4장에서 논의된 가정 모형과 정치 원리에 의해 어떻게 구조화되는지 살펴보자.

공정성

다음의 투표 원리는 공정성과 평등을 연결한다. 모든 사람의 표를 똑같이 계산하는 것이 공정하다. 어떤 사람의 표도 다른 사람 표의 두 배로 계산되지 않으며, 또한 계산에서 제외되지도 않는다.

이것은 모든 사람이 동의하는 핵심 원리이다. 다음과 같은 난해한 경우를 무시하는 한, 모든 사람이 이 원리에 동의한다. 2004년 선거 당시 선거가 박빙의 접전이라고 알려졌는데, 선거가 끝난 뒤 들어온 플로리다의 군부재자 표는 계산했어야 했는가? 혼란을 초래한 나비형 투표용지*는 계산에 다시 넣었어야 했는가? 매달린 채드**는 계산에 넣

---

* 나비형 투표용지(butterfly ballot): 2000년 미국 대통령 선거에서 플로리다 주 팜비치 카운티에서 사용되어 대혼란을 초래한 나비 모양의 투표용지.
** 채드(chad): 2000년 미국의 대통령 선거에서 탄생한 용어로, 펀치카드를 이용해 투표할 때 투표용지에 구멍을 내면서 떨어져나오는 조그만 종잇조각을 의미한다. 종잇조각이 완전히 떨어지지 않은 경우에는 컴퓨터가 이를 식별하지 못해 수작업 개표를 해야 하는데 이때 어떤 표를 유효표로 하느냐가 관건이 된다. 일반적으로 '채드'가 한 군데 또는 두 군데 모서리에서 완전히 떨어지지 않고 달랑 매달려 있을 경우 기표가 된 것으로 간주해 유효표로 처리된다. 이를 회전문처럼 매달려 있다고 해서 '회전문 채드'(swinging door chad) 또는 '매달린 채드'(hanging chad)라고 한다. 2000년

는가? 경쟁적 개념은 한 표의 개념이었다.

투표의 경쟁적 의미를 배제하면, 투표권 행사의 공정성을 논리적으로 진술할 수 있다. 이것을 더 일반적으로 적용하면, 공정성 개념의 명백한 핵심을 다음과 같이 서술할 수 있다. 공정성은 편견이 없는 분배이다.

대부분의 보수주의자들과 진보주의자들은 이 원칙에 동의할 것이다. 그렇지만 공정성 개념에는 경쟁적인 다른 개념들이 포함된다. 즉 편견, 물건 분배 과정, 분배되는 물건, 분배받는 사람 등이 포함된다. 무엇이 '편견'으로 간주되는가? 무엇이 물건을 분배하기 위한 적절한 과정으로 간주될 수 있는가? 무엇이 분배되어야 할 적절한 물건으로 간주되는가?

전형적으로 이러한 질문에 (보수적인) '엄격한 아버지' 모형과 (진보적인) '자애로운 어머니' 모형 중 어느 모형을 적용하는가에 따라 대답이 달라진다. 경쟁적인 **공정성** 범주를 구조화하는 것은 바로 이 두 모형이다.

이것이 어떻게 작동하는가를 보기 위해 공립대학 입학 시 소수자 우대 정책이라는 이슈를 살펴보자.

진보주의자들에게 소수자 우대 조치는 감정이입에 그 동기가 있으며, 공정하고 옳은 정책이다.

선거에서 문제가 된 것은 채드가 떨어지지 않고 모양만 볼록하게 올라온 이른바 '임산부 채드'(pregnant chad)였다.

아프리카계 미국인과 미국 원주민에 대한 감정이입이 최우선 순위를 차지한다. 흔히 그들은 과거의 차별로 인해 여전히 고통받는 공동체에서 살고 있기 때문이다.

가난한 소수계에 대한 감정이입이 다음 순위를 차지한다. 이들은 흔히 문화적으로 차별을 받고 있다. 즉 그들은 더 열악한 교육을 받거나 재계에서 성공하는 데 필수적인 문화적 지식이 없다.

세번째 감정이입은 흔히 전문직 종사자(의사나 간호사, 치과의사, 변호사)나, 사회복지사업, 기업의 하부구조(은행, 주식 중개인, 부동산 중개인, 기업의 사무소)가 부족한 소수계 공동체를 향한다.

소수자 우대 조치는 인종과 종족에 관계없이 모든 사람에게 고등교육의 혜택을 보장함으로써 대학의 도덕적 책무를 충족시키기 위해 시행된다. 대학은 공공 재원의 일부이며 공익에 기여해야 한다. 심지어 사립대학도 마찬가지이다. 사립대학이 예산의 많은 부분을 정부 보조금으로 채우며, 비영리 법인의 지위로 인해 세금을 감면받기 때문이다. 이것은 사립대학도 사회의 모든 부문에 기여해야 한다는 것을 의미한다.

소수자 우대 조치로 대학은 광범위한 배경의 학생들을 교육할 수 있으며, 그 결과 학생들은 자신의 공동체에 돌아가 의사나 변호사, 교사, 사회복지사업가, 기업주, 기업 경영자 역할을 할 수 있다. 이것은 경제적 수준과 교육 수준을 끌어올릴 것이며, 따라서 시간의 흐름과 더불어 그러한 공동체가 발전하는 데 도움이 될 것이다. 소수자 우대 조치는 공정성과 관련이 있으며, 광범위한 **불공정**을 바로잡기 위한 정책이다.

보수주의자들은 자수성가 원칙의 렌즈로 공정성을 바라본다. 당신이 아직 성공하지 못했다면, 그것은 당신의 잘못이다. 열심히 일한다면 사람들은 성공할 수 있다. 모든 사람은 동일한 과정을 따른다. 그래서 모든 것이 공정하다. 보수주의자들에게 소수자 우대 조치는 단순히 불공정하며 비도덕적일 뿐이다. 즉 그 조치는 사람들에게 자신들이 노력하여 벌지 않은 어떤 것(대학 입학)을 주는 것이나 다름없다는 것이다.

보수주의자는 대학 입학을 진보주의자와는 다른 프레임에서 본다. 보수주의자는 보상을 얻기 위한 개인들 사이의 경쟁이라는 프레임, 즉 우리가 장래에 더 많은 돈을 벌게 해줄 대학에의 입학이라는 프레임에서 대학 입학을 바라본다. 경쟁으로서 대학 입학은 공정하고 편견이 없어야 하는 과정이다. 대학 입학은 개인의 자발성과 절제와 관련이 있어야 한다. 편파적이지 않기 위해서 대학은 오직 '객관적인' 기준—시험 성적과 수업 활동 점수—만을 사용해야 한다.

그러한 시각에서는 진보적인 감정이입이 부적절하다. 공동체의 수요는 부적절하다. 문화적 차별은 부적절히다. 과거의 차별은 부석설하다. 유일하게 적절한 것들은 개인의 절제와 자발성, 시험 성적이 보여주는 성취이다.

이 차이는 1996년 제안 제209호—'캘리포니아 공민권 주민발의안'[4] — 로 인해 부각되었다. 여기에 주요 조항이 있다.

> 국가는 공적인 고용이나 공적인 교육, 공적인 계약의 실행에서 인종이나 성별, 피부색, 종족, 국적을 근거로 어떤 개인이나 집단이든지 차별하거나 특별하게 우대할 수 없다.

이 제안은 차별을 끝내는 것처럼 들린다. 그리고 많은 진보주의자들은 대학 입학을 위한 보수적인 프레임 — 보상을 얻기 위한 개인들 사이의 경쟁 — 을 수용했기 때문에 이 주민발의안에 찬성했다. 이런 시각에서 보면 소수자 우대 조치가 차별처럼 보인다.

그러나 제안 제209호는 과거의 차별을 치유하기 위한 프로그램을 중단시켰다. 그리고 진행중인 전체적 차별을 용인했다. 간단히 말해, 제안 제209호는 공정성이 경쟁적인 개념이기 때문에 가능했으며, 보수주의자들은 공정성의 경쟁적 본성을 활용한 반면, 진보주의자들은 보수주의자들이 만든 프레임의 덫에 빠졌다.

자유

미국인들은 자신의 역사에서 언제나 특정한 자유가 신장되어야 한다고 주장했다. 즉 투표권과 공민권, 확대된 공교육 체계가 제공하는 자유, 공중위생, 고속도로, 공원, 도서관, 과학 연구의 확장을 주장했다. 이것들은 진보적인 자유이다.

그러나 이 진보적 자유들이 자유에 대한 아주 다른 개념의 이름 — 현대의 보수적인 이념에 어울리는 급진적인 보수주의 '자유'의 이름 — 아래서 뒷걸음질치고 있다. 보수주의자들은 '자유' '자유로운' '정치적 자유' 등의 낱말을 빼앗아갔다. 2005년 1월, 두번째 취임 연설에서 부시는 이러한 낱말을 20분 동안 49번 사용했다.[5] 제리 폴웰(Jerry Falwell)[6]과 제임스 돕슨(James Dobson)의 웹싸이트에 가보면,[7] 자유 대학(Liberty University), 자유 평의회(Liberty Counsel), 자유 파수대(Liberty Alerts) 등, 이것도 자유고 저것도 자유다.

이것은 자유도 역시 본질적으로 경쟁적인 개념의 고전적인 사례이기 때문이다.

무경쟁적인 자유는 (아주 개략적으로) 다른 사람의 자유를 침해하지 않는 한 당신이 하고 싶은 일을 할 수 있는 것이라고 정의된다. 이 자유에는 신체적 자유와 목표 추구의 자유, 의지의 자유, 정치적 자유가 포함된다. 정치적 자유에 따르면, 누가 국가를 운영하는가를 국민이 결정하며, 국가는 법률에 의거하여 국민의 기본적 자유를 침해할 수 없다. 이렇게 많은 것들이 일반적으로 수용된다.

게다가 무엇이 사람의 자유를 침해하는 것으로 간주되는가에 대한 논리가 있다. 이 논리는 강압과 손해, 재산, 기회, 공정성, 정의, 권리, 책임, 자연, 경쟁과 같은 개념을 포함한다. 다음은 이 논리에 대한 개략적인 설명이다.

- 강압과 손해, 그리고 이에 대한 두려움이 사람의 자유를 침해한다.
- 재산과 돈이 사람의 자유를 신장한다. 역으로 당신의 재산이나 돈을 탈취하는 것은 당신의 자유를 억압하는 것이다.
- 기회는 자유에 필수적이다.
- **불공정**은 당신 소유가 마땅한 물건을 빼앗아감으로써 자유를 침해한다.
- 정의는 자유에 기여한다. 불공정과 강압, 손해를 차단하기 때문이다.
- 권리는 당신에게 접근을 허락한다. 접근하지 못하게 하는 것은 자유를 침해하는 것이다.
- **책임감**은 보통 다른 사람이 당신의 권리를 보장하도록 발휘해야 한다. 따라서 접근의 자유는 다른 사람들이 **책임감**을 발휘해야 한다고 요구한다.
- 자연은 자유를 침해할 수 없다. 오직 사람들만이 그렇게 할 수 있다. 만일 당신의 다리가 지진으로 부러진다 하더라도, 지진은 당신의 자유를 침해하지 않았다. 그러나 당신의 다리가 마피아 단원에게 부러졌다면, 그는 당신의 자유를 침해했다.
- 경쟁은 자유와 관련이 없다. 경쟁의 승자는 패자의 자유를 침해하지 않는다.

당신이 강압, 손해, 재산, 자연, 경쟁 등 합의된 의미에 매달리는 한, 이것이 무경쟁적인 자유의 기본 논리이다. 이러한 개념들이 경쟁적이 될 때, 자유는 경쟁적이 된다.

경쟁성의 의미를 이해하기 위해서 무엇이 자유에 대한 '침해'가 되는지를 살펴보자. 말하고자 하는 것이 외설적이라 하더라도 내가 그것을 말할 권리를 갖는가? 아니면 당신이 감정의 상처를 받지 않을 권리를 (침해받지 않을 권리를) 갖는가? 우리는 타인들에게 기회를 주기 위해 그들의 자유를 신장할 책임을 가지는가? 만일 내가 옷이나 식량, 주거지가 없다면, 나는 자유로운가? 절대적 자유에는 얼마나 많은 재산이 필요한가? 우리는 훨씬 더 적게 가진 사람들의 자유를 신장하기 위해 가장 많이 가진 사람들로부터 세금을 거두어야 하는가? 보다시피, 무경쟁적인 자유 개념은 아주 쉽게 상당히 복잡해질 수 있다.

이러한 문제는 자유가 매우 경쟁적인 개념이라는 것을 나타낸다. 그러나 공정성과 마찬가지로 이 대답들에도 모종의 논리가 있다. 이 대답들은 4장에서 논의된 부모 모형으로 채워진다. 전형적으로, 이러한 문제들에 대해 둘 중 어느 모형을 적용하는가에 따라 다른 대답이 제시되기 때문에, 당신은 아주 다른 형태의 자유를 얻게 된다.

'엄격한 아버지' 도덕성을 무경쟁적인 자유의 요소에 적용하면, 당신은 보수주의적 자유를 얻게 된다. 반면에 '자애로운 (부모)' 도덕성을 적용하면, 당신은 진보주의적 자유를 얻는다.

예를 들어, 진보주의자들과 보수주의자들 둘 다 재산이 우리의 자유를 신장한다는 것을 인식한다. 진보주의자들은 '인간 존엄성의 원칙'에 근거하여 궁핍으로부터의 자유를 근본적인 자유라고 인정한다. 소외된 사람들에 대한 감정이입을 바탕으로 행동하는 데는 그들의 자유를 보장하는 사회적 안전망이 요구된다. 그래서 진보주의자들은 사회보장제도나 복지사업, 전국민 의료보험이 자유를 신장한다고 본다.

보수주의자들은 정반대의 접근법을 택한다. 그들은 자기이익이 근본적이라는 생각에서 시작한다. 보수주의자에게 재산의 결여는 절제의 결여를 의미하며, 따라서 도덕성의 결여를 의미한다. 그러므로 사람들에게 자신들이 노력하여 벌지 않은 것을 주면, 그들은 의존적이 된다. 이 의존성은 사회복지 프로그램과 빈곤의 덫에 사람들을 빠뜨리며, 따라서 그들에게서 자유를 빼앗는다. 게다가 사회복지 프로그램과 전국민의료보험 같은 프로그램에 쓰이는 세금은 납세자의 자유를 침해한다. 납세자의 돈을 빼앗는 것은 납세자의 자유를 억압하는 것이다.

진보주의자들이 본질적인 자유로 간주하는 것을 보수주의자들은 본질적인 간섭으로 인식한다.

시장에 대한 서로 다른 접근법을 고려해보자.

진보주의 논증

진보주의자들은 세계에서 가장 부유한 나라에서 경제적 어려움을 겪고 있는 사람들에게 감정이입을 하며, 경제적 압박으로 사람들이 자유를 향유할 수 없다고 믿는다. 예를 들어, 만일 당신이 빈곤 임금을 벌기 위해 시간당 5.15달러의 최저 임금으로 주 80시간을 일해야 한다면, 시장은 당신의 자유 — 궁핍으로부터의 자유나 기회의 자유 — 를 침해하고 있다. 그래서 진보주의자들은 시장 규제를 자유의 문제로 본다. '공익의 원칙'에 따라, 진보주의자들은 또한 모두 공공 재원의 일부인 사회보장제도나 전국민의료보험, 대학교육 수혜 권리가 궁핍한 사람들에게 재정을 개선하도록 도울 수 있으며, 따라서 궁핍으로부터의 자유를 신장하는 데 기여한다고 믿는다.

보수주의 논증

반면에 보수주의자들은 시장을 '자연스러운' 체계라고 믿는다. '자연스러운' 현상으로서, 지진이나 폭풍우처럼 시장은 사람들의 자유를 침해하지 않는다. 정부는 시장에 '인공적인' 가격을 책정해서는 안 된다. 고용주와 피고용인이 시간당 5.15달러 이하의 계약을 맺을 수 없다는 법규는 시장의 자연적인 기능 발휘를 침해하고 있으며, 따라서 자유를 억압하고 있다. 그래서 자연적인 자유시장에 대한 규제는 자유를 침해한다.

보수주의자들의 '엄격한 (아버지)' 도덕성은 또한 절제가 바로 시장이 필요로 하는 것이라고 규정한다. 절제는 재산을 습득하는 기제이다. 재산은 사람의 자유를 신장한다. 절제의 결여는 재산의 결여를 초래한다. 재산의 결여는 자유의 결여를 낳는다.

레이코프(George Lakoff)의 『누구의 자유인가?』(*Whose Freedom?*) 는 훨씬 더 많은 사례를 통해 엄격한 도덕성과 자애로운 도덕성이 어떻게 자유를 두고 정반대의 입장을 생성하는지 명시적으로 분석한다.

평등

단순한 경우에 평등은 상당히 명확하다. 2 더하기 2는 3 더하기 1과 같다. '2 더하기 2'와 '3 더하기 1'은 동일한 양을 명시한다. 파이 하나를 6명의 아이들에게 똑같이 나누어주면, 각 아이는 동일한 크기의 파이를 받는다. 비교적 소수의 사람들이 투표하는 경우라면, 평등은 한 사람 당 한 표를 의미한다.

따라서 단순한 경우에 평등은 무경쟁적인 핵심 — 평등은 분배의 동등함이라는 — 을 가지고 있다.

경쟁적 이슈는 무엇이 분배되는가, 누구에게 물건들이 분배되는가, 분배 과정은 어떠한가, 무엇이 동일하다고 간주되는가, 누가 분배를 하는가, 어떤 근거에서 분배를 하는가 등이다.

사회적·법적·정치적 평등에서는 상황이 훨씬 더 복잡해진다. 그 경우에는 분배되는 것이 투표권, 권리, 재산, 오염물질 허용량, 대역폭(bandwidth)의 사용, 대학 입학, 일자리, 법률적 조력을 받을 권리, 결혼 허가증, 의료 혜택 등이다. 종교에서 평등은 하나님에 대한 동등한 접근 대 성직자의 중재에 의한 접근, 성직자가 될 권리 등과 관련이 있다. 정치에서 평등은 어떤 표가 계산에 들어가는지, 그러한 표는 어떻게 계산되어야 하는지, 누가 공직에 출마할 기회를 갖는지, 누가 공직자를 만날 기회를 갖는지 등의 문제이다. 법 앞의 평등은 모든 사람이 부나 지위에 관계없이 법적 처리에서 동등한 대우를 받아야 한다는 것을 의미한다.

정치에서 평등을 두고 어떻게 경쟁하는가를 이해하기 위해서, 평등이 무엇을 의미하는가에 대한 자유주의자와 보수주의자의 끝없는 논쟁을 살펴보자. 그것은 기회의 평등 대 결과의 평등에 관한 논쟁이다.

보수주의자들은 기회의 평등을 수용한다. 그러나 이것은 보수주의의 심층 프레임을 가정한다. 즉 시장은 모든 사람에게 열려 있으며, 따라서 정부 간섭의 배제 이외에는 어떤 조치도 취할 필요가 없다. 기회의 평등은 완전히 개인의 자발성과 개인적인 책임, 개인적인 성취의 문제이다. 보수주의자들은 '형평성' — 즉 공적의 위계 — 을 이야기한다. 그런데 이 위계에서는 공로가 시장에서의 성공에 의해 정의된다. 형평성은 결과의 평등을 공로의 위계로 대치한다.

진보주의자들이 보기에 우리는 감정이입 덕택에 타인의 필요를 진심으로 이해하게 된다. 완벽한 실례는 1965년 하위드대학교 졸업식에서 행한 린든 존슨(Lyndon B. Johnson) 대통령의 연설이다.

기회의 문을 여는 것만으로는 충분하지 않으며, 우리 국민들은 모두 이 문을 걸어서 지나갈 수 있는 능력을 지녀야 합니다. (…) 우리는 법적인 평등뿐만 아니라 인간의 능력을, 그리고 권리와 이론으로서의 평등뿐만 아니라 사실로서의 평등, 결과로서의 평등도 추구합니다. (…) 이 목적에는 동등한 기회가 필수적이지만, 그것으로는 충분하지 않습니다. 정말로 충분하지 않습니다.[8]

진보주의자들은 타인에게 감정이입을 하기 때문에, 우리는 타인을 우리와 같은 사람으로 간주한다. 모든 종족의 남녀는 능력의 동일한 범위를 지니고 태어난다. 동일한 능력이 아니라 능력의 동일한 범위를 말한다. 따라서 결과의 평등은 동일한 결과들이 아니라, 인종에 관계없는 결과들의 동일한 범위이다. 그래서 우리는 (민주주의와 공정한 자본주의 체계에 있어야 하는 그러한) 기회의 **평등**이 주어진다면, 그 결과 분배의 평등이 있을 것이라고 기대한다. 즉 만일 기회의 평등이 있다면, 아프리카계 미국인 공동체 내에도 1인당 의사와 변호사, 과학자의 수가 전체 인구 내의 1인당 그러한 전문직 종사자의 수와 동일해야 한다. 또는 아프리카계 미국인 가구의 평균 소득이 전체 인구 내의 평균 소득과 동일해야 할 것이다. 그러나 이것은 사실이 아니다. 능력의 범위가 동일하다고 가정한다면, 이것은 기회의 실제적인 평등이 존재하지 않음에 틀림없다는 것을 보여준다.

'능력의 동일한 범위' 프레임은 자유주의자들 사이에 널리 퍼져 있다. 이 프레임은 고전적인 자유주의 논증에 중요하게 사용된다. 첫째, 이 프레임은 인종차별주의의 경계를 정의한다. 이 프레임을 부인하는 것, 즉 어떤 인종이 지닌 능력의 범위가 다른 인종보다 더 크다고 말하는 것은 사실상 인종차별적인 것으로 간주된다. 둘째, 이 프레임이 주어진다면, 다른 결과들은 과거나 현재, 또는 과거와 현재 모두 인종차별주의의 효과에 대한 실제적인 증거라는 귀결이 나온다. 이 결과들은 통계로 입증된다. 즉 유아 사망률, 소득 불균형, 실업률 등과 관련한 통계적 사실들의 상세 목록의 합리적인 제시로 입증된다.

그러한 사실로부터, 우리가 인종차별주의와 무관한 선천적인 능력들에서 인종적인 차이가 있다고 결론지어야 한다는 보수주의 논증을 반박하기 위해서, 존슨 대통령은 하워드대학교에서 행한 연설에서 인종차별주의가 능력에 미치는 효과를 역설했다. 존슨 대통령이 원인을 개인적인 것이 아니라, 현재에도 있고 과거에도 있는, 전체적이고 복합적인 것으로 간주했다는 점에 주목하라.

그러나 능력은 절대로 출생의 산물이 아닙니다. 능력은 당신이 살고 있는 가정과 이웃에 의해 신장되기도 하고 저해받기도 합니다. 예를 들어, 능력은 당신이 다니는 학교나 환경의 빈곤함 또는 풍요로움에 의해 신장되기도 하고 저해받기도 합니다. 능력은 유아와 아동, 마침내는 성인에게 작용하는 수많은 힘의 산물입니다.

우리는 그 원인들이 복합적이고 미묘하다는 것을 압니다. (…)

첫째, 많은 백인들도 그러하지만, 흑인들은 대를 이어 상속되는 탈출구 없는 가난의 덫에 걸려 있습니다. 그들은 교육을 받지 못해 기술이 부족합니다. 또한 적절한 의학적 치료도 받지 못한 채 빈민가에 고립되어 있습니다. 개인의 가난과 사회의 가난이 결합하여 그들의 역량을 무력화합니다. (…)

우리는 이러한 해악을 빈곤 대책 프로그램과 교육 프로그램을 통해, 의료보험과 여타의 건강 프로그램, 그리고 이 빈곤의 근본 원인을 겨냥하는 십여 개의 더 많은 위대한 사회 만들기 프로그램으로 퇴치하려 하고 있습니다.

그러나 두번째 원인이 있습니다. 이것은 더 설명하기 힘들고, 더 깊숙이 뿌리박고 있으며, 영향력이 더 막강합니다. 이것은 오랜 세월에 걸친 노예제도의 해로운 상속이며, 또한 100년도 넘는 억압과 증오, 불공정입니다.

흑인의 가난은 백인의 가난이 아니기 때문입니다. (…) 이 차이는 인종적 차이가 아닙니다. 이 차이는 단지 오래된 야만성과 과거의 불공정, 현재의 편견의 귀결일 뿐입니다.

우리가 존슨 대통령의 연설을 선택한 것은 온갖 변화에도 불구하고 진보적인 이슈와 프레임, 평등 논쟁이 지난 40년 동안 어느 정도나 그대로 남아 있는지를 보여주기 위해서이다.

보수 진영의 한가지 커다란 변화는 평등을 형평성 — 공적에 근거한 즉 제몫에 근거한 분배 — 으로 대치하고자 하는 것이다. 우리가 예측할 수 있듯이 보수주의자들과 진보주의자들은 각각 자신의 도덕 체계를 적용하기 때문에 제몫에 대한 이해가 다르다.

보수주의자들에게는 제몫이 절제의 결과로 이해된다. 보수주의자들의 도덕 체계는 보상이 절제와 능력에 비례해야 한다고 주장하기 때문에, 제몫은 절제와 능력을 반영한다. 즉 제몫은 근로 시간이나 생산 제품, 대담한 기업가 정신을 반영하는데, 이것들은 모두 절제하는 사람이 된다는 것에 의존하며, 따라서 자원을 (정부가 아니라 시장이) 형평에 맞게 분배하기 위한 공정한 수단으로 사용될 만하다.

진보주의자들에게는 제몫이 자애로운 양육의 시각에서 이해된다. 이 시각에서는 어려움에 처한 사람들이 지원을 받을 자격이 있다. 이것은 '인간 존엄성의 원칙'을 충족시키며 아무도 너무 뒤처지지 않도록 확인한다. 또한 '공익의 원칙'을 충족시킨다. 서민 계층의 필요는 단지 한 개인의 필요일 뿐만 아니라 관심을 받기에 충분히 타당한 필요로 간주되기 때문이다.

평등에 대한 가장 최근의 보수주의적 공격은 문화 가치와 가족 가치에 근거한다. 존 맥워터(John McWhorter)는 아프리카계 미국인이 별다른 성취를 하지 못하는 이유가 배움을 존중하지 않는 흑인 문화에 있으며, 따라서 아프리카계 미국인 아동들이 자라면서 학교생활이나 일상생활을 잘 하지 못한다고 주장한다.

데이비드 브룩스(David Brooks)는 두가지 문화적 문제가 결과의 평등을 방해하고 있다고 본다. 첫째는 핵가족의 붕괴이다. 그는 핵가족의 붕괴가 자녀와 부모 사이의 애정 결여로 이어졌다고 주장한다. 둘째는 흑인 문화가 욕구 충족의 지연을 기다리려 하지 않는다는 것이다. 두 주장은 다 정부가 아프리카계 미국인들의 평등을 위해 떠맡을 역할이 없다는 보수적인 주장이다. 이 문화적인 메씨지는 아프리카계 미국인 공동체가 스스로 마음을 다잡아야 하고, 거절하는 법을 배워야 하며, 야구선수나 힙합 음악가, 포주, 범죄자보다 기업가나 정치 지도자, 지식인을 영예롭게 여겨야 한다는 것이다. 맥워터나 브룩스의 주장의 비열한 일면은 그들이 자애로운 가치 — 책임과 지식 존중 — 를 정부의 진보적 역할에 반대하는 논증으로 사용한다는 점이다.[9]

흥미롭게도 브룩스는 애정에 대한 자신의 최근 발견에도 불구하고 보수적인 자녀 양육 관행을 공격하지 않는다. 예를 들어, 그는 '엄격한 아버지' 모형의 자녀 양육 그리고 보수주의 정치와 이 양육의 연결을 가르치는 제임스 돕슨의 포커스온더패밀리를 공격하지 않는다.

책임

책임에 대한 보수주의자와 진보주의자의 이해 차이는 영어 화자들이 이 낱말을 이해하기 위해 갖고 있는 두 개의 표층 프레임 사이의 차이에 적절하게 반영되어 있다. 이것은 많은 것을 알려준다. 왜냐하면 표층 프레임 차이는 우리 모두가 이해할 수 있는 것이지만, 사람의 도덕 체계와 필연적으로 관련이 있는 것은 아니기 때문이다. 책임을 말하는 다음 두가지 방식을 살펴보자.

- 책임의 무게를 감당하다(Carrying the weight of a responsibility)
- 책임을 완수하다(Fulfilling a responsibility)

첫번째 방식에서 책임은 한 사람이 삶을 살아가면서 지는 짐이다. 이 짐은 삶을 헤쳐가는 것을 더 어렵게 만든다. 그리고 만일 그 사람이 너무 약해서 책임을 짊어질 수 없다면, 그것은 그의 잘못이며, 그 사람 혼자만 실패자이다. 두번째 방식에는 채워야만 하는 빈틈이 있다. 만일 그 사람이 그 일을 할 수 없다면, 그는 빈틈을 채울 수 있는 합당한 사람이 아니며, 더 합당한 다른 누군가가 책임을 떠맡아야 한다.

진보주의의 책임은 감정이입으로 필요를 충족시키고, 공익을 위해 공공 재원을 사용하는 표층 프레임과 관련이 있다. 이를 가장 잘 보여주는 실례는 허리케인 카트리나이다.

재앙이 강타할 때, 일반적으로 신보수의자들은 피해자들에게 감정이입을 하며 반응한다. 카트리나에서 그것은 허리케인과 뒤이어 발생한 제방의 붕괴로 발생한 희생자들에 대한 감정이입을 의미했다. 진보주의의 비전은 모든 사람에게 자신들이 할 수 있는 최대의 역량을 발휘하여 돕도록 한다. 우리 정부는 우리의 공동 자원을 동력화할 강력한 역량을 지니고 있다. 우리가 타인을 자애롭게 양육할 책임을 완수하는 한가지 방식은 세금을 납부하는 것이다. 세금의 일부는 어떤 재앙의 여파에나 즉각적으로 대응하는 정부가 사용해야 한다. 정부가 그렇게 할 때, 우리도 역시 우리 개인의 책임 — 일하고 가정을 돌보는 등과 같은 — 을 이행할 수 있다. 우리가 납부하는 세금 역시 무엇보다도 제방의 안전을 확보하는 책임을 다하는 데 사용되었어야 했다.

카트리나에 대한 보수주의자들의 반응은 놀라울 정도로 달랐다. 보수주의자들은 부시 대통령과 마이클 처토프(Michael Chertoff) 국토안전부 장관에게는 책임을 묻는 대신, 비난을 밖으로 돌려 뉴올리언즈와 그 인근에 살기로 결정한 카트리나의 희생자들 자신에게 책임이 있다고 주장하기에 이르렀다. 보수주의의 '개인의 책임' 원칙 하에서는 당신은 오직 당신 자신만을 책임진다. 따라서 보수주의자들의 입장에서 카트리나 희생자를 비난하는 것은 일리가 있다. 정부가 제방의 안전을 계속해서 확보할 책임을 져야 할 필요가 없다면 부시에게 비난의 화살을 돌릴 수 없다. 예를 들어, 전 연방재난관리청장 겸 2000년 부시/체니 선거운동 책임자였던 조 앨보우(Joe Allbaugh)는 상원 세출소위원회에서 재난관리청이 미국인들의 안전에 필수적인 기관이 아니라, 점차적으로 폐지돼야 할 복지후생 프로그램이라고 주장했다. 어떤 책임도 주어지지 않은 것이다.

보수주의의 책임에도 양측이 있다. 즉 규칙을 만드는 사람들과 규칙을 준수하는 사람들이 있다. 절제(도덕적 권위)를 강제하는 것은 지도자들의 책임이다. 이것은 규칙을 만들어 상과 벌을 주는 것을 의미한다. 남은 우리의 책임은 단지 규칙을 준수하고 또한 개인적인 안녕—우리 자신과 타인에 대한—을 최대화하는 것이다.

카트리나 실례는 그렇게 주요한 정치적 시금석이 되었다. 우리의 삶에서 정부가 맡는 역할과 경쟁적인 **책임** 개념에 대해 두가지 다른 태도를 부각하기 때문이다.

신뢰성

신뢰성의 기본 논리는 이원적이다. 첫째, 신뢰성은 당신이 믿는 것을 말하고 그 말과 모순되지 않게 행동하는 것을 의미한다. 둘째, 신뢰성은 어떤 원칙의 일관성 있는 적용을 의미한다.

- 진보적 신뢰성은 자애로움의 일관성 있는 적용이다.
- 보수적 신뢰성은 엄격함의 일관성 있는 적용이다.

간단하게 보이지만, 이 진술들로 신뢰성에 대한 이해의 차이가 생긴다.

절제에는 지속성이 중요하다. 절제는 환경에 관계없이 언제나 동일한 방식으로 적용되어야 한다. 절제를 실천하는 사람은 모든 행동에 직접적이고 즉각적인 귀결이 있으며, 그 귀결은 동일하다는 것을 이해할 필요가 있다. 과정의 지속성, 즉 행동의 동일성에 초점이 있다.

그렇지만 감정이입을 일관성 있게 적용하기 위해서는 그 과정 자체가 아니라 자애로움을 받는 사람의 필요에 초점을 맞추어야 한다. 따라서 계속 감정이입을 하려면, 동일한 정도의 관심을 베풀어야 한다. 때때로 관심에는 상황에 따라 다른 조치나 다른 접근법이 필요하다.

정치로 되돌아가보면, 우리는 군대를 철수하자는 존 머사(John Murtha)의 주장을 대하는 보수주의자들과 진보주의자들의 반응에서 신뢰성을 이해하는 이러한 차이를 확인할 수 있다. 진보주의자들이 보기에 머사는 용기가 있으며 이라크 사람들에 대한 감정이입 때문에 그렇게 외치고 있다. 또한 우리 군에 대한 감정이입 때문에 훨씬 더 큰 소리로 외치고 있다. 그는 그렇게 함으로써 신랄한 비판을 받을 것을 알고 있었지만, 그럼에도 불구하고 여전히 자신이 옳다고 믿는 바를 말했다. 자애로움과 자신의 신념에 대한 확고한 헌신은 신뢰성을 바라보는 진보주의적 견해를 가장 잘 보여준다.

보수주의자들에게, 머사가 보여준 전쟁에 대한 초기의 열정과 나중의 입장 변화는 정확하게 용기의 반대 극이었으며 신뢰성의 완전한 결여였다. 보수주의자들은 이라크 내에서 부시 행정부가 실행하는 변함없는 경계를 신뢰성의 징표로 본다. 머사의 경우에서 그들이 보지 못하는 것은 초기에 그가 이라크 전쟁을 지지한 것이 미국인들을 보호하고 이라크인들을 보호할 것이라는 오도된 믿음에 근거했다는 점이다. 이러한 측면에서 머사의 열정은 변하지 않았다. 그의 철군 주장은 잘못된 정보에 근거하여 전쟁에 참여하기로 한 그의 초기의 결정이 그랬던 것처럼, 미국인들의 안전에 대한 끊임없는 관심을 반영했다.

그래서 공정성과 평등, 자유의 경우와 마찬가지로, 세계관의 차이로 인해 신뢰성 또한 보수주의자들과 진보주의자들은 서로 다르게 이해할 수 있다. 보수주의 세계관은 변화하는 환경에 관계없이 항상 일정한 행동인 신뢰성을 이해하기 위해 절제를 신뢰성에 적용한다. 진보주의의 신뢰성은 자애로움의 개념을 신뢰성에 적용하는 것에서 나온다. 그 결과는 자애로움에 변함없이 헌신하는 것이며, 그 헌신은 상황이 바뀌면 다른 경로를 따라가도록 요구할 수 있다.

안보

지금까지 진보주의자들은 안보에 취약하다는 이유로 비난을 받았다. 그렇지만 이것은 진보주의 정책을 객관적으로 평가함으로써 나오는 것이 아니라, 보수적인 안보관이 공적 담론을 지배해왔다는 사실에서 나오는 것이다. 이것이 가능한 이유는 안보가 경쟁적인 개념이기 때문이다.

안보의 무경쟁적인 핵심은 힘을 통해 보호를 제공하는 것이다.

그러나 힘 자체는 경쟁적인 개념이다. 이것은 두개의 다른 장면을 대비시킬 때 알 수 있다. 첫번째 장면에서는 공격받는 도시를 둘러싼

벽을 상상해보라. 만일 그 벽이 강하다면, 공격을 견뎌내고 도시 안의 사람들을 보호할 것이다. 이것은 무력 사용에 대항한 보호라는 의미의 힘이다.

두번째 장면에서는 주먹으로 판자를 쳐서 뚫으려고 시도하는 모습을 떠올려보라. 만일 그 사람이 강하다면, 그는 그 판자를 부수고 뚫을 것이다. 이것은 무력의 사용을 통한 힘이다.

첫번째 장면은 진보주의 안보, 즉 보호를 통한 안보를 상징한다. 두번째 장면은 보수주의 안보, 즉 힘의 사용을 통한 안보를 상징한다.

테러리즘의 위협에 대한 두 이념의 반응은 이 차이를 부각한다. 진보주의의 반응은 우리의 항구와 역사적 건조물, 기반시설, 군대를 확실하게 보호해야 한다는 것이다. 진보주의자들은 연방 기금을 사용하여 항구 안보를 더 강화해야 한다고 주장했으며, 국토안보부가 부정한 정치자금을 관리하는 또다른 조직으로 변질되지 않고 테러리스트가 공격할 수 있는 목표물을 보호해주기를 원했다.

보수주의자들의 전략은 아주 달랐다. 그들의 안보 개념은 공격하는 것이었다.

일부 진보주의자들은 아프가니스탄과 이라크에서 무력을 사용하는 데 찬성했다. 두 전쟁이 미국인들을 보호해줄 것이라고 미리 가정했기 때문이었다. 이라크 공격이 보호가 아니라 무력의 과시를 위한 것으로 판명이 났을 때, 전쟁을 지지한 진보주의자들은 사기당한 기분이 들었다. 그리고 이라크 전쟁이 끝나고 점령으로 대치되었을 때, 보호와는 훨씬 더 거리가 멀어졌으며, 진보주의자들은 군을 **보호하기 위**해서 철수를 요구하고 있다.

본국의 강한 안보라는 보수적인 개념은 범죄자들을 엄격하게 처벌하는 사법 체계 — 무력 과시의 또하나의 실례인 — 에 근거한다. 벌은 절제하도록 요구하는 데 필요하며, 이것이 바로 보수주의자들이 삼진아웃법과 같은 정책을 옹호하는 이유이다.

진보주의적 안보는 자애로움에 근거하며, 따라서 국내 안보는 아주 다른 형식을 취한다. 범죄를 예방하는 가장 좋은 방법은 강력한 억압이 아니다. 적어도 사형의 경우에 이것이 작동하지 않는다는 것은 분명하다. 오히려 안보는 진보적인 원칙의 광범위한 적용에서 나온다.

빈곤이 줄어들면 범죄는 줄어든다. 그래서 공동체의 안보를 보장하려면, 공동체의 모든 구성원에게 기회를 부여하고 적정한 생계를 보장해야 한다. 이것은 인간 존엄성 원리의 확장이다. 따라서 폭넓은 번영이 안보에 필수적이다.

'공익의 원칙'에 따르면, 안전한 공동체는 충분히 축적된 기반시설의 보유에서 나와야 한다. 이것은 경찰서와 소방서는 물론 연방재난관리청이나 공병감실, 국립기상청과 같은 부서에 자금을 지원하는 것과, 또한 좋은 학교와 전국민 의료보험은 물론 공공의료 기반시설에도 자금을 지원하는 것을 의미한다. 따라서 강한 기반시설은 안보에 필수적이다.

그래서 안보는 우리가 지금까지 논의한 경쟁적인 다른 모든 개념들과 같아 보인다. 진보주의자들과 보수주의자들은 안보가 무엇을 의미하는가 — 그리고 관련되는 힘과 보호의 가치가 무엇을 의미하는가 — 에 대해 다른 관점을 지니고 있다. 안보관의 차이는 그들의 서로 다른 세계관에서 나온다.

이 장에서 우리는 기본적인 진보주의 가치들을 명확히 제시했다. 각 가치에 대한 논의에서, 단지 연설에서 '평등'이나 '책임'을 이야기하는 것만으로는 부족하다는 것이 드러났을 것이다. 보수주의자와 진보주의자는 각각 이러한 가치가 무엇을 의미하는가를 자신의 방식으로 이해하기 때문이다. 당신은 이 낱말들 각각에 대해 당신이 이해한 바를 이야기해야 한다. 그렇게 할 때, 진보주의자들은 보수주의자들이 마음대로 가져다 사용한 가치들을 되찾을 수 있으며, 미국에 대한 우리의 비전을 제시할 수 있다.

:7장: 전략적 의안

진보적인 입장에서 보면, 사고(思考)는 단순한 단계적 사유나 세계관의 분명한 표출, 프레임과 은유의 사용 이상의 것이다. 가장 강력한 형태의 사고 활동은 **전략적**이다. 그것은 단순히 앞을 내다보는 생각하기의 문제가 아니다. 그것은 사고와 행동의 배경을 바꾸는 문제이다. 그것은 한가지를 움직여 많은 것을 움직이는 것이다. 그것은 지금 한가지를 수행함으로써 미래의 틀을 다시 만드는 문제이다. 지금까지 보수주의자들은 전략적 사고 활동에 아주 능숙했다. 진보주의자들은 그렇지 못했다.

전략적 의안은 어떤 영역에서 추구하는 명시적인 변화보다 훨씬 더 광범위한 영향을 미치는 정책 제안이다. 전략적 의안은 두가지 유형으로 분류할 수 있다. 첫번째 유형은 다국면 의안이다. 이 유형의 의

안에서는 추구하는 정책 변화가 많은 영역에 걸쳐 광범위한 영향을 미친다. 그리고 한가지 변화를 통해 다양한 목표에 접근한다.

예를 들어, 감세 정책(tax cuts)은 보수주의자의 다국면 전략 의안이 된다. 감세 정책은 단순히 세금 인하에 관한 것이 아니다. 사회보장 프로그램과 정부의 보호적이거나 규제적인 감시를 없애기 위한 다목적 접근법이다. 이것은 보수주의 운동의 가장 포괄적인 목적이다.

또 하나의 다국면 전략 의안은 '불법행위배상 소송 개혁'(tort reform)이다. 보수주의자들은 이 소송 개혁안의 내용이 막대한 손해배상금이나 변호사 수임료에 최고한도액을 정하는 것처럼 들리도록 했다. 실제로 이 의안은 기업이 대중에게 손해를 입히는 활동을 막기 위한 민사법 체계의 기능을 마비시킨다. 왜냐하면 민사법 체계의 작동을 가능케 하는 것이 바로 변호사 수임료이기 때문이다. 더욱이 만일 성공한다면, 이 의안은 또한 진보주의 후보자의 중요한 선거운동 자금원의 하나를 고갈시킬 것이다. 그 자금이 법정 변호사들에게서 나오기 때문이다.

진보주의 진영에서는 재생 가능 에너지에 대한 투자가, 더 나은 환경 정책, 안보의 신장, 일자리 창출, 제3세계 개발, 경제적 자극을 위한 다국면 전략 의안이다. 레이코프는 이것을 『코끼리는 생각하지 마!』에서 상세하게 논의했다.[1]

두번째 유형의 전략적 의안은 도미노 의안이다. 그러한 정책 변화는 더 광범위한 목표를 향한 출발점을 의미했고, 그 지점에서 다음 단계들은 더 쉽거나 필연적이었다. 이른바 부분출신 낙태* 금지는 (모든) 낙태를 금지하려는 보수주의자의 도미노 의안이었다. 스쿨 바우처도 비슷한 전략으로, 궁극적으로 교육 체계를 민영화하고 종교계 학교에 공적 자금을 제공하며 주요한 교육적 역할을 부여하고자 한다. 부시 대통령은 줄기세포 연구를 거부했다. 이 연구를 낙태 허용을 향한 미끄러운 비탈길로 내려가는 첫걸음으로 간주했기 때문이다.

보수주의자들의 전략적 의안에는 한가지 중요한 요소가 있다. 보통 그러한 의안의 궁극적인 목적은 명시적이지 않다. 그래서 '세금 구제'를 논의할 때, 보수적인 지도자들은 좀처럼 자신들의 궁극적인 목적이 진보적인 정부를 제거하고 사회복지 프로그램을 없애는 것이라고 말하지 않는다. 보통 이러한 전략적 목적은 정책연구소와 정책 분과회의, 전략 담화의 내부에서 은밀하게 프레임에 넣어진다. 따라서 케이토연구소(Cato Institute)는 1983년 사회보장제도를 민영화하는 것에 대한 논문을 발표했다.[2] 비록 그 제안이 은밀하지는 않았지만, 개인 명의의 예금 계좌 개설에 대한 공적 논의는 사회보장제도를 보호하는 방법으로 프레임에 포함돼 있다. 그러나 그 제안의 실제 목적은 사회보장제도를 파괴하는 것이다.

한편, 그러한 기만의 필요성에 긍정적인 측면노 있다. 그것은 미국

---

* 부분출산 낙태(partial-birth abortion): 산모의 자궁을 확대해서 임신 6개월 이상 된 태아를 집게로 당겨 자궁에서 반쯤 나오게 한 후, 뇌에 관을 주입하여 흡입하거나 두 개골 함몰로 낙태시키는 방법.

인들이 너무 진보적이어서 감세와 민영화의 전략적 목적을 지지할 수 없다는 것을 우리에게 알려준다. 미국인들은 정부가 공적인 이익 기능을 빼앗기는 것을 보고 싶어하지 않는다. 이것이 바로 수많은 보수적인 전략 의안이 은밀한 목적을 지닌 이유이다. 즉, 대부분의 미국인들이 그러한 제안을 지지하지 않을 것이기 때문이다.

그대신에 보수주의자들은 자신들의 의안을 긍정적인 용어로 표현한다. 예를 들어, 보수주의자들은 세금 의안을 '세금 구제'라는 용어로 표현한다. 그리고 그러한 의안이 개인들에게 도움을 주고, 그들이 적합하다고 생각하는 방식으로 사용할 수 있도록 돈을 되돌려준다고 프레임을 구성한다. 어떤 의미에서 세금 구제는 진보적인 정책으로 프레임에 넣어져 있다. 즉, 정부가 대중을 도와주고 대중들에게 연민을 보여준다는 프레임에 넣어져 있다.

진보주의자들이 그러한 숨겨진 의제에 맞서는 한가지 방식은 그것들을 공개적으로 논의하는 것이다. 우리는 보수주의자들이 그러한 이슈를 공개적으로 프레임에 넣는 방법을 넘어서야 하고, 또한 그들의 실제적 목적을 지적할 필요가 있다.

그리고 보수주의자들의 전략 의안이 어떻게 진보적인 방식의 프레임에 넣어지며, 훨씬 더 장기적인 보수적 의제를 은폐하는지를 보여주는 데 이라크 전쟁보다 더 중대한 현재적인 이슈는 없다.

이라크 전쟁

감세 정책과 마찬가지로, 이라크 침공에 대한 분명하게 잘 알려진 정당화가 있었다. 그것은 전쟁 담화의 주요한 프레임이었다.

- 대량 파괴 무기를 찾아 없앤다.
- 싸담 후쎄인을 추방하고 이라크 국민을 해방시켜 그들에게 민주주의를 확립하게 한다.
- 이라크 기업가들에게 자유시장을 정착시키도록 한다.
- 이라크 석유에서 나온 이익을 사용하여 이라크 국민을 위한 기반시설을 건설한다.
- 이라크가 중동 지역에서 자유와 자유시장, 민주주의의 훌륭한 본보기가 되도록 한다.

일반적으로 이것들은 모두 진보적인 목적이다. 바로 이러한 목적 때문에 이라크 침략이 폭넓은 지원을 받는다. 미국인들은 우리가 선을 행하고 있다고, 우리가 자유로운 열린사회를 장려하고 있다고, 우리가 이라크 사람들에게 감정이입을 보여주고 있다고 믿고 싶었다. 결국, 국제적 원조와 인권 보호, 한 나라의 수익이 그 나라의 국민에게 가야 한다는 이상을 옹호하는 사람은 바로 진보주의자들이다. 부시 행정부는 진보주의자들과 이중개념주의자들의 지원을 얻기 위해서 이라크 침략을 인도주의적 임무의 측면에서 프레임에 넣었다.

그렇지만 '세금 구제'와 마찬가지로, 흔히 공개적으로 서술되지는 않지만, 많은 진보주의자들이 이해했던 이라크 모험의 전략적 목적들이 있다. 많은 진보주의자들이 이라크 침략에 반대한 이유는 바로 이러한 전략적 목적 때문이며, 인도주의적 목적은 성취할 수도 없을뿐더러 전략적 목적에 밀릴 것이라는 인식 때문이었다. 이라크 침략에 대한 부시 행정부의 전략적 목적은 다음과 같다.

- 군사적 수단을 사용하여 우리의 이익에 맞게 세계 질서를 재편할 수 있다는 것과 중동의 다른 국가를 위협할 만한 충분한 힘을 보여준다.
- '테러와의 전쟁'에 연결된 전쟁을, 대통령과 행정부가 자국의 전쟁 수행과 미국 내의 더 커다란 정치적 통제를 하게 해주는 수단으로 사용한다.
- 국내 사회복지 프로그램 지출을 군사비 지출로 전환하고, 국내의 부와 힘을 군수 산업과 석유 산업으로 이동시킨다.
- 통제 가능한 '종속국' 정부를 이라크에 수립한다.
- 세계 제2위 매장량 석유 사용권을 확보한다.
- 중동의 심장부에 영구적인 군사 기지를 설치하여 (특히 이란과 관련해서) 전략적 위치를 확보한다.
- 전쟁을 미국의 선거에서 우위를 차지하기 위한 구호로 사용한다.

- 미국 기업들에게 이라크 경제의 상당한 부분을 통제할 수 있도록 한다.
- (i) 전투 부대의 효과를 극대화하기 위해 (ii) 군수 산업의 이익을 늘리기 위해 (iii) 고문이나 뇌물과 같은 행동에 대한 군대의 책임을 없애기 위해 군대의 기능을 민영화한다.
- 나토(NATO)의 많은 동맹국과 유엔(UN)의 의지를 무시하여 세계 문제에 대한 미국의 지배와 독립성을 입증한다.

이것들 중 어느 것도 진보적인 목적이 아니다. 바로 이런 이유 때문에 전쟁 지지자들은 흔히 이 목적들을 언급하지 않는다. 미국민들은 이러한 목적을 받아들이기에는 너무나 진보적이다. 그렇지만 이러한 목적들 중 많은 것을 정책연구소 발행지나 우익 잡지에서 찾아볼 수 있다. 부통령 딕 체니(Dick Cheney)와 국방부장관 도널드 럼스펠드(Donald Rumsfeld), 세계은행총재 겸 전 국방부차관 폴 월포위츠(Paul Wolfowitz), 이라크 주재 미국대사 잘마이 칼리자드(Zalmay Khalilzad), 체니 부통령의 전 참모장 루이스 리비(I. Lewis Libby), 『위클리 스탠다드』(The Weekly Standard)의 편집장 윌리엄 크리스톨(William Kristol), 플로리다 주지사 젭 부시(Jeb Bush)를 비롯하여 많은 전쟁기획자들이 1997년 새로운 미국의 세기를 위한 프로젝트의 일부로서 이러한 의제를 노골적으로 지지했다.[3]

만일 우리가 이러한 전략적 목표가 이라크 침략의 중요한 초점이라는 것을 인식한다면, 이라크에서 우리가 보는 것은 '무능'이 아니다. 부시 행정부가 무능하다는 비판이 진보주의자들에게서 제기되어 널리 퍼졌지만, 결코 그들은 무능하지 않다.[4] 보수적인 전쟁기획자들과 전쟁수행자들은 이라크 전쟁의 인도주의적 임무보다 이러한 전략적 목표에 관심이 더 많았다.

일반적으로 진보주의자들은 '상세 목록의 덫'에 빠져 제한된 정책 의안을 선택하고 이슈에 따라 행동하며, 수많은 구체적 프로그램을 내놓았다. 그런데 그러한 프로그램 중 어느 것도 우리의 가치를 부각하지 못한다 ― 또한 우리의 가치를 장려한다고 분명히 명시하지도 않는다. 보수주의자들과 달리, 우리는 광범위한 귀결을 가져오는 다국면 전략 의안이 전혀 없다.

그리고 우리는 프로그램에 따라 그리고 이슈에 따라 행동하기 때문에 지금까지 하나의 운동으로 함께 뭉치지 못했다. 환경주의자와 노동조합, 여성주의자, 의료보장 운동가, 소비자 보호 단체, 이민자 보호 단체 등은 모두 자체 프로그램에 따라 활동하며, 자체 기금관리기구가 있고, 자체 발행지가 있으며, 자체 로비스트를 두고 있다.

이러한 그룹들이 내놓은 이슈와 프로그램은 정말로 중요하지만, 단독으로 실행되기 때문에 각각의 이슈와 프로그램이 ― 그리고 우리 모두가 ― 패배하고 있다.

만일 전략을 세워 행동한다면 우리는 승리할 수 있다. 무엇보다도 전체 이슈에 작용하고, 진보적인 그룹들은 물론 일반 대중을 통합하고, 우리의 공동 가치를 표현하고, 우리의 모든 목적을 동시에 펼치는 장기적인 다국면 의안들을 식별해야 한다. 그리고 우리는 연방 차원에서나 주 차원에서, 지역적 차원에서, 국지적 차원에서 이러한 의안을 바탕으로 행동할 수 있다.

그리고 보수주의자와 달리 우리는 전략적 목적을 숨기지 않고서도 전략적으로 행동할 수 있다. 우리의 의안들은 공익을 폭넓게 활성화한다. 당신은 정부를 해체하거나 미국의 맹주권을 강화하거나 공익을 축소하려고 시도하는 우리의 모습을 보지 못할 것이다.

우리 모두를 다시 규합할 수 있는 많은 진보적 전략 의안이 있지만, 깨끗한 선거와 건강한 식품, 윤리적 기업, 대중교통에 대한 네가지 가능성을 살펴보겠다. 여기에서 우리의 목적은 이 의안들을 내놓기 위해 입법 조치들의 목록을 처방으로 제시하는 것이 아니다. 우리는 이 의안들이 어떻게 광범위한 영향을 미칠 수 있는지, 어떻게 진보주의 가치들을 장려할 수도 있는지, 어떻게 진보주의자들에게 서로 협력하여 하나의 운동을 펼칠 기회를 제공하는지를 보여주기 위해 이 의안들을 논의한다.

깨끗한 선거

대부분의 미국인들은 정치는 더러우며, 정치를 더럽게 만드는 것은 돈의 매수 효과라는 것을 알고 있다. 딜레이/아브라모프(DeLay-Abramoff) 스캔들*은 단지 수많은 유사 스캔들 중 가장 최근의 사건에 불과하다. 데이비드 씨로타(David Sirota)의 『적대적 기업 인수』(*Hostile Takeover*)는 기업이 어떻게 정치 기부금을 정부 지원 형태의 투자로 이용하는지를 안내한 책이다.[5] 일차적으로 뇌물과 보상이 합법화된 우리의 선거운동 자금 체계에 책임이 있다.

보수적이든 진보적이든, 대부분의 정치가들은 말로만 '선거운동 자금 개혁'의 아이디어를 언급했다. 미국민들이 그것을 원한다는 것을 알기 때문이다. 그러나 의회 내의 많은 입법 조치는 단지 개혁을 하는 시늉만 했다. 일부 조치는 미약하나마 성공을 거두었지만, 다른 조치들은 실패했다. 이제 중요한 전략 의안 — 깨끗한 선거 — 을 가장 확실하게 지원하기 위해 진보주의자들이 기회를 잡을 시기일 수 있다.

아이디어는 간단하다. 자격 있는 후보자들에게 공적인 선거 자금

---

* 딜레이/아브라모프 스캔들은 미국 로비 업계의 제왕으로 군림하던 잭 아브라모프가 일으킨 초대형 로비 스캔들로 2006년 11월 중간 선거를 앞두고 터져나왔다. 이 스캔들로 부시 대통령의 막역한 정치적 동지로 통하던 톰 딜레이(텍사스) 전 공화당 하원 원내대표는 원내대표 복귀의 꿈을 접어야 했다.

을 충분히 제공하라. 즉, 공동체의 폭넓은 지지를 받는 후보자들에게 선거운동을 진행할 보조금을 제공하는 것이다. 만일 후보자가 공적 자금을 수용한다면, 어떤 사적인 기부금도 받지 않기로 동의해야 한다.

깨끗한 선거는 공직에 출마할 **동등한 기회**를 제공한다. 동등한 기회는 돈의 매수 효과를 제거함으로써 선거가 **공정하다**는 것을 보증한다. 선거는 **공적인 선**이며, 따라서 공공 재원으로 지원해야 한다.

깨끗한 선거는 선거운동 자금 지출을 제한하고 부패를 차단하는 것 이상의 원대한 결과를 가져온다. 그래서 '모든 개혁을 가능케 하는 개혁'이라고 불리었다. 깨끗한 선거는 거의 모든 정치적 이슈에 효력을 미친다. 우리 정부의 기본적인 작동에 영향을 미치기 때문이다.

실제로 깨끗한 선거는 아주 많은 **공적인 돈을 절약**한다. 비록 프로그램에 비용이 들지만, 당선된 공직자가 더이상 선거에 기부금을 낸 기부자들에게 수차례 — 때로는 수백번 또는 수천번 — 빚을 갚기 위해서 공적인 돈을 사용하지 않을 것이기 때문에 훨씬 더 많은 돈이 절약된다. 원금회수는 장려금, 무입찰 계약, 관직, 규정 변경, 세금 우대 등의 형태로 이루어진다. 이것들은 모두 특별 이익단체들이 대중의 재산을 빼앗아가는 방식이다. 기업 장려금 — 정부가 서민의 금고에서 나온 막대한 돈을 부유한 주식 보유자에게 넘겨주는 것 — 을 삭감하는 것보다 더 좋은 방법은 없을지도 모른다. 서민은 손해를 보지 않음으로써 이익을 얻는다.

대중이 이익을 얻는 또하나의 방식은 기업의 이익이 아니라 대중의 이익에 부합하는 제안들의 영역에 있다. 제안이 아무리 인기있거나 애국적이라 하더라도, 진보적 그룹들이 변화를 위해 싸울 때, 그들의 개혁은 보통 연방 의회에서 (또는 주 의회에서, 시 평의회에서) 강력한 저항에 부딪친다. 기업들이 이러한 제안을 중단시키기 위해 당선된 공직자들에게 투자하기 때문이다.

만일 우리가 전국민 의료보험을 원한다면, 에이치엠오와 제약회사의 영향력을 차단할 필요가 있다. 만일 우리가 건강한 환경 정책을 원한다면, 석유산업이나 목재산업, 석탄산업, 원자력발전 산업, 광산업, 농업 관련 산업에서 들어오는 선거운동 자금을 차단할 필요가 있다. 만일 우리가 노동자에게 생계 임금과 수용 가능한 노동 기준을 제공하고 싶다면, 대기업에서 입법부 의원들에게 가는 자금 공급선을 제거해야 한다. 만일 우리가 우리 공동체 안에서 지속 가능한 발전을 원한다면, 부동산 개발업자들에게서 들어오는 현금 유입을 차단해야 한다. 왜냐하면 부동산 개발업자들은 거의 언제나 지역 정치에 있어서 거대한 기부자이기 때문이다.

만일 우리가 대중의 우선순위를 반영하는 지방 예산이나 주 예산, 연방 예산—학교, 교통, 의료보장, 공원 등을 위한 돈—을 원한다면, 국민들의 의지를 훼손하는 모든 특별 이익 단체들의 영향을 저지할 필요가 있다. 만일 우리가 균형잡힌 예산과 건전한 재정 정책을 원한다면, 선거에 기여한 공로로 생기는 막대한 기업 장려금을 없애야 한다. 만일 우리가 선출된 공직자들이 다음 선거를 위한 모금 활동에 시간을 보내지 않고 자신들의 임무를 수행하길 바란다면, 과도한 모금 경쟁을 끝장내야 한다. 만일 우리가 더 많은 후보자를 그리고 더 다양한 범위의 후보자를 원한다면, 자금 조달 능력의 차이를 없애야 한다.

우리는 이 모든 문제를 깨끗한 선거로 해결할 수 있다.

건강한 식품

정부의 근본적인 책임은 공익을 펼치는 것이다. 예를 들어, 우리는 흐르는 물을 마실 수 있도록 정부가 하천 수계(水系)를 깨끗하게 유지해주길 기대한다. 우리는 자녀들이 지구의 자연적 경이를 향유할 수 있도록 정부가 숲과 공원을 관리하고 보존해주길 기대한다. 우리는 안전한 약을 위해 정부가 약 생산을 규제하기를 기대한다. 현실은 이러한 기대에 미치지 못하겠지만, 그럼에도 불구하고 이것들은 우리가 추구하는 목적이다.

다른 어떤 것보다 우리는 음식에 가장 큰 기대를 가져야 한다.

불행하게도 우리 정부는 책임을 회피하고 있다. 정부는 미가공품 농업 생산을 지원하고 있다. 주로 거대 회사가 제조하는 가공 식품에 일반적으로 사용되는 식물의 생산을 지원하고 있다. 이러한 가공 식품은 칼로리는 높지만 영양소는 거의 없는 '헛열량'(empty calory) 식품으로 비만 확산에 기여하고 있다. 설상가상으로 정부 장려금은 미가공

품과 가공 식품을 더 값싸게 만들어, 신선한 청과물이나 건강에 좋은 음식보다 더 값이 싸고 더 이용하기 쉽게 만드는 데 기여하고 있다.

우리는 음식 위기의 한가운데에 있다.

이것은 연방 정부가 매우 적극적인 역할을 수행해온 위기이다. 예를 들어, 연방 정부는 값싼 미가공 옥수수 생산에 장려금을 지급하기 위해 연간 200억 달러 이상을 지출한다.[6] 이것은 가공 식품의 원재료인 먹을 수 없는 옥수수의 과잉을 초래한다. 이 옥수수는 액상과당 옥수수와 같은 다양한 생산품으로 만들거나, 값싼 고기로 도살되는, 공장형 농장의 학대받는 동물들에게 먹인다.

추가적인 장려금이 밀, 면화, 대두, 사료용 곡물, 담배 등 일반적으로 거대한 기업형 농장이 재배하는, 다른 미가공 곡물 생산에 제공된다. 흔히 이러한 장려금으로 이익을 누리는 사람은 땅을 경작하는 농민이 아니라 대리 소유주이다. 아처 대니얼스 미들랜드(Archer Daniels Midland)나 카길(Cargill)과 같은 곡물생산업체는 보상으로, 정부 장려금을 받는 미가공 산물을 값싸게 공급받는다. 이러한 미가공 산물이 가공 식품이 된다. 중유 공정인 기업형 농업 또한 매년 수십억 달러나 되는 거액의 장려금을 받는 값싼 석유로 추가적인 혜택을 받는다.

설상가상으로 납세자들은 기업형 농업의 '외부 전가' 비용을 떠안는다. 즉, 살충제 유출로 오염된 하천 수계의 정화, 그리고 비만이나 당뇨, 다른 식품 관련 질병의 치료, 과도한 경작이나 비료로 인한 대기 오염의 정화, 쓰레기 처리에 소요되는 비용을 떠안게 되는 것이다.

정부 정책은 우리가 사용하는 음식의 유형이나 질과 많은 관련이 있다. 이제 건강한 식품 의안으로 체계를 새롭게 정해야 할 시기이다.

이 의안은 정부 정책의 한가지 주요한 변화를 요구한다. 그것은 현재 농업 관련 기업에 들어가는 막대한 장려금의 사용 방향을 바꾸어, 적당한 가격의 건강한 음식 체계의 기반시설을 구축하는 데 납세자의 돈을 사용하라는 것이다. 이러한 변화는 하룻밤 사이에 일어나지 않을 것이다. 그것은 궁극적으로 환경 친화적인 농업 체계를 우리에게 가져다줄 수도 있는 장기적인 의안이다.

미국의 농민과 목축업자, 어부, 그리고 자연의 선물로 우리에게 먹을거리를 제공하는 다른 모든 사람들과 협정을 맺자. 우리 공동체를 위한 건강한 음식을 만들기 위해, 그리고 미래 세대를 위해서 우리 지구와 공유지의 신성함을 보호하기 위해, 우리는 환경 친화적 경작에 투자할 것이다. 이것은 (애초에 식품이 생산되는) 지역과 지방 차원에서, 주 차원에서 또는 전국 차원에서 수행할 수 있다.[7]

이것은 여러가지 방식으로 수행할 수 있다. 살충제와 제초제 사용을 줄이는 농부에게 세금을 공제해줄 수 있다. 살충제와 제초제 사용의 감소는 우리 음식에서 발암성 화학제품을 없애줄 것이기 때문이다. 우리의 세금은 부재자나 기업의 소유권보다 가족의 농상 소유권을 장려하는 데 사용될 수 있다. 농장을 가족이 소유할 때는, 음식의 질과 지역 생태계의 관리에서 나오는 기득권과 자긍심이 있다. 환경 친화적으로 땅을 관리하는 농부와 목장주인을 위한 토지신탁 조성에 장려금을 제공할 수도 있다. 도시 지역의 식량 재배 공간 마련을 위해 공동체 정원에 투자할 수 있다. 사실상 대부금과 장려금이 환경 친화적으로 재배된 식량의 가격을 보장해주기만 한다면 현재 정부의 많은 정책은 그대로 유지될 수 있다. 정부는 지역에서 건강하고 환경 친화적인 유기농 식량을 재배하는 비용을 줄이는 것은 물론 그러한 식량의 사용을 늘리는 데 엄청난 영향을 줄 수 있다.

위의 제안은 단지 다양한 가능성으로서만 제시된다. 이것은 모든 진보주의자들이 실천할 최선의 방법을 알아내기 위해 지원해야 하는 전략적 의안이다. 이것은 **보호**와 관련이 있다. 정부는 우리가 건강한 음식을 먹도록 보장해야 한다. 이것은 **평등**과 관련이 있다. 맛이 있고 건강에 좋은 음식이 부자들을 위해 예비한 사치품이어서는 안된다. 이것은 다양성과 관련이 있다. 즉 다품종 체계를 인정하는 것과 특이성을 지닌 다양한 음식을 먹는 것과 관련이 있다. 이것은 자유와 관련이 있다. 모든 사람이 좋은 음식을 먹을 수 있어야 한다. 이것은 **공익**을 위한 **공공 재원**을 사용하여 공중 건강을 장려하고 삶의 질을 높이는 것이다.

그러한 전략적 의안의 이익은 여기에서 그치지 않는다. 이것은 공중 건강을 위한 긍정적인 귀결로 이어진다. 가공음식과 패스트푸드 체인점은 우리를 병들고 뚱뚱하게 만든다. 특히 저소득 공동체와 소수자 공동체에서 더 심각하다. 음식 관련 질병 때문에 현재의 아동 세대는 미국 역사상 부모보다 수명이 더 짧을 가능성이 제기되는 최초의 세대이다.[8] 그래서 건강한 음식 의안은 계층 이슈이며, 인종 이슈이며, 공중 건강 이슈이다.

몇가지 귀결을 제시해보면, 기업형 농업은 또한 석유의 대량 투입을 필요로 하며, 땅을 부식시키고, 과도한 양의 물을 사용하며, 화학제품을 사용하여 공기와 하천 수계를 오염시킨다. 그래서 건강한 음식 의안은 환경 이슈이자 외교정책 이슈이다. 만일 우리가 식량 생산 체계를 변화시킨다면, 외국산 석유 의존도를 현저하게 줄일 수도 있다.

그러한 전략적 의안은 또한 이웃에 의존하는 지역 농업 시장을 지원하고 활성화할 것이다. 농가 시장은 양질의 음식을 즐기고 공동체를 건설하기에 좋은 장소이다. 그러한 시장은 또한 도시 중심과 주변 시골 공동체 사이의 유대를 만들어낸다. 그래서 건강한 식품 의안은 시정 이슈이자 삶의 질 이슈이다.

그렇지만 농업 장려금의 영향은 미국에 국한되지 않는다. 우리 미가공 작물의 많은 잉여 물량은 (장려금을 받기 때문에) 시장 가격 이하로 해외에 팔린다. 이로 인해 자급자족하는 많은 농민들이 장려금을 받는 가격과 경쟁할 수 없기 때문에 자신의 땅에서 쫓겨났다. 아이러니하게도 이러한 장려금은 마이클 폴란(Michael Pollan)이 지적했던 것처럼[9] 비만과 기아에 동시에 기여했다. 우리 자신은 비만케 했으며, 외국 사람들은 굶주리게 했다. 다른 기회가 없어 이 농부들은 일을 찾아서 자신의 땅을 떠나야 했다. 그러나 받아주는 사람은 거의 없다. 그래서 그들은 이민을 떠났다. 그중 많은 사람들이 미국으로 떠났다. 그래서 건강한 음식 의안은 또한 세계 기아 이슈이며, 빈곤 이슈이며, 경제 이슈이며, 이민 이슈이다.

마지막으로, 한 농장에서 오직 하나의 작물만을 재배하는 기업형 단종 재배를 향한 움직임은 (반드시 에이커 당 식량 생산의 측면이 아니라, 에이커 당 노동자의 측면에서) 농장의 규모와 효율성을 키웠다. 이로 인해 시골 공동체를 떠나는 대이동이 일어났다. 이에 더하여, 동종 재배로 우리의 안보가 위험에 처하게 된다. 우리가 한가지 작물을 아주 많이 재배하고, 좁은 경계 안에서 동물을 기를 때, (기후 위기 때문에) 매년 일어나는 기후의 변화나 (조류독감이나 광우병 같은) 질병이 대량의 식량 공급을 파괴할 수도 있다. 종을 다양화함으로써 우리의 식량 체계를 더 잘 보호할 수 있다. 그래서 건강한 식량은 시골의 활력 이슈이자 안보 이슈이다.

건강한 식품 의안은 또한 진보주의자로서 우리를 통합할 수 있다. 이 의안은 환경주의자, 노동운동가, 공정거래 주창자, 사회정의 옹호자, 민권운동가, 여타의 많은 운동가들을 하나로 묶어준다.

윤리적 기업

시장은 공익을 신장하는 도구이다. 5장에서 살펴본 것처럼, 이 기대를 충족하지 못한다면, 그것은 시장의 실패로 간주하는 것이 타당하다. 시장을 지배하는 규칙은 공익을 늘리는 동인을 이끌어내야 한다는 것이다. 그러나 그 규칙은 또한 공익의 위반을 벌해야 한다.

불행하게도 기업의 현재 강령 — 기업에게 주어진 법적인 특권 — 은 이 기대에서 한참 벗어나 있다. 기업의 가장 중요한 목적은 주주의 이윤을 극대화하는 것이다. 이것은 노동 비용을 낮추는 동인으로 작용하고, 의료보장의 수혜자를 줄이며, 환경법에 제약을 가하고, 가능한 한 많은 비용을 외부에 전가한다. 어떤 기업이 공익을 위해 활동해야 할 현실적인 유일한 동인은 그 활동이 기업에 유익하다고 간주되는 경우뿐이다. 이것은 보통 선전 목적과의 일치를 의미한다. 만일 자선 활동이나 공동체 활동이 훌륭한 선전이 된다면, 그렇게 할 것이다.

모든 기업이 악하다고 말하는 것이 아니다. 정말로 많은 기업은 선하며 대중에게 훌륭하고 중요한 써비스를 제공한다. 그리고 그러한 기업에서 일하는 많은 사람들은 공공 의식이 있으며, 자신들의 기업 내 임무가 공익을 신장하는 것이라고 정확히 이해하고 있다. 그러나 너무나도 흔히 기업들은 공익을 저버린다. 그들이 그렇게 할 수밖에 없는 이유는 **법적으로 강요받기** 때문이다. 만일 관리자들이 기업의 이익을 극대화하지 않는다면, 그들은 주주들에게 소송을 당할 수 있다.

이런 식으로 작용해서는 안된다. 윤리적 기업이 되는 두가지 일반적인 길이 있다. 첫번째 길은 기업 모형은 본질적으로 그대로 두지만, 기업이 활동하는 시장의 규칙과 배경을 변화시키는 것이다. 워킹 애쎄츠(Working Assets)의 설립자 피터 반즈(Peter Barnes)가 내놓은 이 아이디어는 대기 신탁과 해양 신탁, 분수계 신탁, 토양 신탁, 인터넷 신탁, 전자기 스펙트럼 신탁을 통해 모든 미국민에게 공유지 재산권을 할당하여, 기업에게 (현재 보통 무료로 제공되고 있는) 공유지의 사용 비용을 청구하는 것이다. 예를 들어, 지구 온난화를 늦추기 위해서 대기 신탁이 매년 특정한 양의 온실 가스 계정을 부여할 것이며, 기업은 이 계정을 얻으려고 입찰에 참여해야 할 것이다. 매년 제동 장치가 작동되어 대기권에 더 적은 양의 온실 가스가 유입되도록 할 것이다. 이로써 지구 온난화를 늦추는 동인을 이끌어낼 것이다. 온난화의 증가는 결국 상당한 비용을 요구할 것이다. 이 체계로부터 모금된 돈은 대기를 깨끗하게 하고 재생 가능 에너지에 투자하는 데 사용될 것이다.

연방준비제도 이사회와 마찬가지로, 연방 정부의 지명을 받아 정치적 압력에서 자유로운 위원들이 공익과 미래 세대를 위한 우리의 공공 재원을 보호하기 위해 이러한 신탁을 관리할 것이다. 존 로크(John Locke)의 말로 표현하면, 위원들은 우리의 자녀를 비롯한 타인을 위해 '최대한 많은 것과 최대한 좋은 것'을 물려줄 신탁 책임을 지닐 것이다.[10]

이러한 신탁에서 생기는 돈은 대기를 정화하고, 재생 가능 에너지 기술에 투자하고, 외주로 인해 직업을 잃은 사람들에게 직업 훈련을 실시하고, 그들에게 직업을 소개하는 일을 돕고, 공익을 장려하는 많은 다른 프로젝트를 제공하는 데 사용할 수 있다. 이것은 반즈가 새로운 저서 『자본주의 3.0』(Capitalism 3.0)에서 내놓은 발상이다.[11]

윤리적 기업에 이르는 두번째 길은 기업의 강령을 다시 세정하는 것, 즉 기업의 지배 구조에 이해 관계자—시민, 노동자, 공동체, 생태체계 등—의 이익을 포함시키는 것이다. 이해 관계자들은 기업이 무엇을 하는가에 영향을 많이 받지만, 반드시 기업의 주식을 소유하지는 않기 때문이다. 기업은 자신의 강령을 아주 빈번하게, 예를 들어 10년마다 개정해야 할 것이다. 새로워지기 위해서 기업은 이해 관계자와 사회적 책임에 헌신을 보여주어야 할 것이다. 따라서 기업은 주주의 더 큰 이윤 폭을 보충하기 위해 이해 관계자의 이익을 희생시키지 않아야 할 것이다. 이러한 헌신을 입증하기 위해서 기업은 임금을 인상하고, 지역 생태계를 정화하고, 오염을 줄이는 조치를 취하고, 지역 스포츠 팀을 지원하는 등의 활동을 할 수도 있다.

전략적 의안은 위에서 제시한 두 방법 중 어느 하나를 취할 수도 있고, 두 방법을 조금씩 다 취할 수도 있다. 그러한 의안은 공익의 진보적 이념은 확장하고 '자유시장'의 보수적 개념에는 저항할 것이다. 다른 전략적 의안과 마찬가지로, 이 의안은 모든 성향의 진보주의자들을 뭉치게 한다. 노동자들에게 사업에서의 법적 지분을 주기 때문에, 이것은 노동 이슈이다. 기업이 공유지를 훼손하지 않도록 시장의 규칙을 바꾼다는 점에서 이것은 환경 이슈이다. 기업이 자신이 위치하고 자신이 봉사하는 공동체의 수준을 높여야 한다는 개념을 장려하기 때문에, 이것은 공동체 이슈이다. 그리고 오염의 감소가 더 나은 건강을 의미하기 때문에, 이것은 건강 이슈이다.

모두를 위한 운송

우리가 이동하는 방식이 이 나라의 거의 모든 것을 형성한다. 자동차 의존은 환경을 오염시키고, 개인의 건강에 해를 끼치며, 사회적·경제적 이동성을 제한하고, 외국산 석유에 얽매이게 한다. 수년에 걸친 한가지 다면적인 변화로 인해, '모두를 위한 운송' 의안이 이 모든 해악을 없애는 데 도움을 줄 수 있다. 간단히 말하면, 이 착상은 현재 우리 자동차 문화의 필수적인 요소로서 값싼 석유에 장려금을 지급하는 데 들어가는 연간 700억 달러의 용도를 바꾸어 대중교통 체계를 구축하고 장려하는 것이다. 추가적인 자금은 현재 고속도로 기반시설을 건설하고 유지하는 데 들어가는 연간 2,500억 달러가 넘는 돈에서 나올 수도 있다.

모두를 위한 운송은 지방 차원에서나 지역 차원에서, 연방 차원에서 대중교통을 확대하고 개선하는 것을 의미한다. 이것은 도시 지역의 버스와 경(輕)철도에 투자하여 깨끗하고 편리하고 믿을 수 있고 이용하기 쉬운 교통망을 만들어내는 것을 의미한다. 우리 도심을 자전거 타기에 더 편리하고 보행자에게 더 편리한 곳으로 만드는 것을 의미한다. 보통 자동차 운송이 떠맡았던 도심지와 교외 중심지 연결을 위해 통근 철도를 확대하는 것을 의미한다. 사람과 상품, 써비스의 도시 간 이동을 위해 고속 철도에 투자하는 것을 의미한다. 도심 내에서 이동할 때와 도심과 교외 중심지를 연결할 때, 이러한 망은 모든 자동차 밀집 지역으로 확장될 것이다.

모두를 위한 운송은 가치와 관련이 있다. 대중교통을 개선하는 것은 모든 미국민에게 삶의 질을 높이는 사회적·경제적 기회에 **동등하게 접근할 자유**를 주는 것과 관련이 있다. 대안적 운송에 투자하는 것은 공익을 위한 공공 재원을 사용하는 것이다. 그것은 자유의 신장이며 더 다양한 교통망을 만들어낸다.

모두를 위한 운송은 우리의 많은 목적을 동시에 추구하는 전략적 의안이다.

이 의안은 **경제** 이슈이다. 이것은 물품과 노동의 이동성을 신장할 것이다. 또한 소외된 이웃지역에 다시 생기를 불어넣을 것이다. 그리고 성장을 자극하고 발달을 유도할 것이다.

이 의안은 **노동** 이슈이다. 이것은 건설 노동자, 기술자, 버스 운전사, 철도 기관사, 관리자, 승차권 판매상 등 많은 일자리를 창출할 것이다. 이들 중 많은 직업은 노동조합이 유지될 수 있는 직업이다. 노동조합이 있는 직업이 증가함으로써 노동자는 더 나은 계약 조건을 협상할 수 있게 되고, 공동체 내의 모든 노동자들에게 더 나은 조건을 만들어 주는 데 도움을 줄 수 있다.

이 의안은 **환경** 이슈이다. 이제는 화석 연료와 환경 사이의 관계가 잘 이해되어 수용되고 있다. 석유가 연소하면 기후를 불안정하게 하는 온실 가스가 대기권에 유입된다. 대량 수송은 사회의 석유 의존도를 낮추며, 지구 온난화의 일부 위험을 제거하는 데 도움이 된다.

이 의안은 공공 건강 이슈이다. 지금도 대기의 질은 나쁜데 점점 더 나빠지고 있다. 더러운 자동차 매연이 건강의 위험성을 높이며, 매년 수백만 달러의 비용은 차치하고라도, 미국민 수만 명의 목숨을 앗아가는 대기 오염 위기를 가속화하고 있다.[12] 또한 연간 6백만 건의 교통사고로 인한 신체적·감정적·경제적 피해에 대해서는 어느 누구에게도 상기시킬 필요가 없다. 더 나은 대중교통 덕택에 이 더럽고 위험한 기술 문명으로부터 벗어날 수 있다. 그렇게 할 때, 더 나은 대중교통은 건강 쇠약 문제, 심지어는 죽음으로부터 수백만 명의 미국민을 구할 수 있다. 그리고 예방 가능한 의료비 지출의 부담을 감당하지 않도록 대중을 구해줄 수 있다.

이 의안은 국가 안보 이슈이다. 석유 의존을 포기하면, 인간의 건강과 환경의 건강에 모두 이익이 되며 이 나라가 안전하게 된다. 에너지 자립성을 높이면, 분쟁 지역에서의 위험한 의존에서 벗어나 자유로울 수 있다.

'모두를 위한 운송' 의안을 통해 노동자와 경제학자, 환경주의자, 안보지상주의자가 동일한 기치 아래 모일 수 있다. 모두를 위한 운송에 대한 투자는 자유와 건강, 경제, 국가 안보에 대한 투자이다.

이제 진보주의자들이 전략적 사고를 시작할 때이다. 가장 효율적이며 장기적인 전략은 식사나 출근, 회사 근무 등 가장 흔한 활동과 함께 시작된다. 가정은 우리가 사는 곳이다. 거기에서 시작하라.

:8장: 논증의 기술

도덕적 세계관과 비전, 가치, 원칙, 프레임, 언어는 모두 정치적 논
증에서 사용된다. 이 모든 것들이 어떻게 묶이는지 살펴보자. 다양한
논증을 살펴보면, 효과적이고 성공적인 모든 논증에는 어떤 공통적인
특성이 있다는 것을 알 수 있다.

- 이러한 논증은 도덕적 전제가 있다. 즉 무엇이 옳은가와 관련이 있다.
- 이러한 논증은 특정한 도덕적 세계관에서 나오는, 경쟁적인 가치들
  의 유형을 시용한다.
- 이러한 논증은 묵시적이거나 명시적인 서사 구조를 갖는다. 즉, 이
  러한 논증에는 모두 영웅과 악당, 희생자, 공동의 주제 등을 지닌 이
  야기가 있다.

- 이러한 논증은 또한 반론의 역할을 한다. 이 논증들은 상대편의 논증을 무너뜨린다.
- 이러한 논증에는 문제와 해결책을 제시하는 이슈 정의 프레임이 있다.
- 이러한 논증은 흔한 프레임—아주 잘 알려져 있어서 진실인지 아닌지 즉각 알려지는 프레임—을 사용한다.
- 이러한 논증은 더 심층적인 프레임을 환기하는 표층 프레임의 언어를 사용한다.

이 특성들 중 어느 것도 놀라운 것이 아니다. 오랫동안 수사학자들은 그러한 세목을 의식해왔다. 그러나 그 지식을 사용할 수 있도록 이 모든 것이 어떻게 작용하는지를 당신이 아는 것이 중요하다.

오바마와 부동산세

성공적인 논증을 면밀히 살펴보기 위해, 2006년 6월 7일 일리노이 주 상원의원 배럭 오바마(Barack Obama)가 부동산세 폐지안을 놓고 자신의 웹싸이트에 게시한 진술을 검토해보자.[1]

무엇보다도 이 1조 달러의 경품을 현재의 모습 그대로 패리스 힐튼 세금우대 조치(the Paris Hilton Tax Break)라 칭하자. 미국 납세자들이 정말로 그 특혜를 감당할 수 없는 시기에, 수십억 달러를 억만장자 상속인에게 제공하는 것과 관련이 있다. (…)

나는 미국민들이 선택하기를 열망한다. 왜냐하면 만일 사람들이 자신들의 정부가 1조 달러 — 이라크 전쟁과 아프가니스탄 전쟁, 테러와의 전쟁에 우리가 소비한 총 비용의 두 배 이상의 금액 — 를 수백만 달러나 수십억 달러 소유자들을 위한 세금우대 조치에 소비하기를 원한다면, 공화당이 당신의 당이기 때문이다.

만일 미국민들이 수십억 달러를 중국 사람들에게 빌리기를 원하고, 그 이자를 갚는 데 수십억 달러의 세금을 더 소비하기를 바라며, 의료보장과 교육, 걸프 연안 재건 비용에서 수십억 달러를 삭감하는 것을 보고 싶어한다면, 패리스 힐튼 세금우대 조치는 당신의 세금우대 조치이다.

이것은 소규모 기업과 가족 농장을 살리는 것과는 관련이 없다. 우리는 이러한 미국민들을 보호하기 위해 부동산세를 개혁할 수 있다. 어떤 소규모 기업이나 가족 농장도 결코 영향을 받지 않는 수준에서 부동산세를 정할 수 있다. 그리고 수조 달러의 비용이 들지 않는 방식으로 이 일을 할 수 있다. 실제로 우리는 지금까지 이런 방식으로 부동산세를 개혁하겠다는 제안을 수차례 내놓았다. (…)

나는 미국 사람들에게 묻고 싶다. 이라크 전쟁과 아프가니스탄 전쟁, 우리 국토의 방위, 우리 군의 무장, 우리 노동자를 위한 의료보장,

우리 자녀 교육에 대한 비용을 감당하려고 애쓰면서 미국 스스로 많은 빚에 빠져 있는 이러한 시기에, 즉 이 모든 것이 필요한 시기에, 당신은 『포브스』(Forbes) 잡지를 펼쳐 가장 부유한 400명의 미국인 목록을 살펴보며, 우리 정부가 그러한 사람들에게 수조 달러 가치의 세금우대 조치를 베풀었다는 것을 깨닫는 모습을 상상할 수 있는가?

나는 나 자신이 그러한 모습을 상상할 수 없다는 것을 알고 있다. 그리고 대부분의 미국인들도 역시 그 모습을 상상할 수 없다고 자신있게 말한다. 그래서 만일 공화당 사람들이 나중에 선거 이슈로 사용하려고 패리스 힐튼 세금우대 조치를 들고 나오려고 한다면, 나는 그렇게 하라고 말할 것이다. 왜냐하면 우리가 어디에서 어떻게 우선순위에 차이를 두는가에 대한 그보다 더 좋은 진술을 떠올릴 수 없기 때문이다.

면밀하게 살펴볼 가치가 있는 이러한 논평에서는 많은 일이 진행되고 있다. 이 글이 훌륭한 진보적 논증이 되는 이유는 도덕적 비전과 정치적 원칙 때문이다. 첫째, 이 글에는 감정이입이 있다. 즉, 이 나라에 대한 관심은 물론 군인의 안전, 노동자의 건강, 자녀 교육에 대한 관심이 있다. 둘째, 이 글에서는 공익 — 자금을 필요로 하는 모두를 위한 의료보장 체계와 교육 체계 — 을 위해 공공 재원을 사용한다는 원칙 아래서 과세를 이해한다.

오바마는 또한 경제적 등가 프레임을 사용하여 돈에 대한 일반적인 지식을 환기한다. 동일한 처음 상태와 동일한 결과를 지닌 두가지 경제적 행동은 등가라는 지식을 환기한다. 오바마는 이것을 보여주는 두 실례를 사용한다.

1. 현재의 부동산세하에서 수조 달러의 추정 금액을 징수하지 않는 것은 부유한 상속인들에게 납세자의 수조 달러를 제공하는 것과 같다.
2. 납세자의 수조 달러를 미국 국민이 절실히 필요로 하는 곳에 쓰지 않는 것은 절망적인 어려움에 처한 사람들에게서 수조 달러를 빼앗아가는 것과 같다.

1과 2를 합하면, 3의 귀결이 나온다.

3. 납세자가 낸 수조 달러를 미국민들이 절실히 필요로 하는 곳에 쓰거나, 아니면 부유한 상속인들에게 주어라.

오바마의 논증은 다음과 같은 이슈 정의 프레임을 생성한다. 부동산세는 무엇인가?

미국의 백만장자와 억만장자는 자신들이 축적한 부(수백만 달러나 수십억 달러)의 절반을 지불할 것이다. 그것도 죽은 후에야 지불할 것이다! 부의 나머지 절반은 그 돈을 벌지도 않은 상속인들 — 이 나라의 패리스 힐튼 가문의 사람들 — 에게 돌아갈 것이다.

문제는 다음과 같다. 납세자인 우리는 우리 덕택에 번 그러한 수조 달러를 어떻게 해야 하는가? 우리 국민들 중 가장 궁핍한 수백만 노동자들에게 혜택을 주기 위해 의료 기반시설과 교육 기반시설에 써야 하는가? 아니면 자신들이 벌지도 않은 수백만 달러나 수십억 달러의 절반이 아니라 전부를 원하는 상속인들에게 그 돈을 모른 체하고 그냥 넘겨주어야 하는가?

이것은 이슈이다. 해답은 이 문제에 내재되어 있다.

만일 당신이 감정이입을 하고 공익에 헌신하고 공정성을 의식한다면, 해답은 명료하다. 공정성 원칙이 규정하는 바와 같이, 당신은 마땅한 몫을 받아야 한다. 열심히 일하면서도 궁핍한 노동자들은 그 돈을 벌지는 않았지만, 어쨌든 그 돈의 절반을 얻게 되는 상속인들보다 그러한 달러가 제공하게 될 학교와 병원의 혜택을 받을 자격이 있다.

오바마의 진술은 또한 영웅과 악당을 포함하는 서사 구조를 사용한다. 부동산세를 없애는 것은 대부분의 약하고 힘없는 사람들에게 위협이다. 즉, 그들이 절실히 필요로 하는 것에 쓸 돈을 빼앗아가는 것이다. 그들은 희생자이다. 악당은 그들에게서 그 돈을 빼앗아가려는 사람이다. 악당에는 보수적인 입법자와 이 나라의 가장 부유한 일부 가정이 포함된다. 그러한 가정은 부동산세를 폐지하기 위한 로비에 수천만 달러를 지출했다. 구원자인 영웅은 바로 유권자 당신이다. 당신이 이 나라의 방향을 바꿀 수 있기 때문이다. 당신의 입법자들이 도덕적인 것에 찬성투표를 하도록 설득하라. 그리고 만일 그들이 그 옳은 일을 행하기를 거부한다면 그 직책에서 쫓아내라.

이 추론이 오바마 연설의 핵심이다. 오바마는 이 추론을 명시적으로 펼치고 있다. 부동산세를 유지하면, 필요로 하지도 않고 받을 자격도 없는 사람들에게 우리의 수조 달러를 내주는 것이 아니라, 가장 필요한 곳에 그 돈을 사용할 수 있다. 즉 의료와 교육 기반시설, 그리고 군대의 보호에 사용할 수 있다.

시민이자 납세자이자 유권자인 당신은, 열심히 일하는 미국인들의 공공 재원 중 수조 달러를, 벌지도 않았으며 필요로 하지도 않는 부유한 개인 상속자들에게 넘겨주려는 악당 같은 보수주의자들의 마수로부터 가치있는 수천만의 궁핍한 사람들을 구해낼 수 있다.

마지막으로, 오바마의 논평은 보수주의자들의 논증을 무너뜨릴 만큼 신중하게 구성돼 있다. 보수주의자들은 운영 기금이 과세에서 나오는 사회복지 프로그램을 자격이 없는 사람들에게 주는 정부의 구호품 프레임에 넣는다. 오바마는 '세금은 구호품' 프레임을 뒤집어서, 세금 우대 조치가 부자들에게 주는 구호품이며, 부동산세 인하가 평범한 납세자에게서 부유한 개인들에게 부를 선이하는 것이라는 프레임을 만들어낸다. 이것은 생생한 진실을 말해주는 프레임이다.

이 논증이 완벽한 진보주의 논증이 아니라는 점에 주목할 필요가 있다. '공익의 원칙'에는 두 부분이 있는데, 이 논증은 첫번째 부분을 공략한다. 부가 (개인의 수중이 아니라) 서민계급의 수중에 있을 때만 공공 재원이 공익에 부합할 수 있다는 사실을 묵시적으로 동원하는 것이 중요하다. 그렇지만 공공 재원이 제공하는 기회가 바로 개인의 부축적을 허용하는 것이라는 개념도 역시 중요하다. 그 자체로서 모든 사람은 자신이 공공 재원에서 얻은 이익에 비례하여 그 재원을 되갚을 책임이 있다. 공익 원칙의 이 부분은 오바마의 논증에서 빠졌다.

그럼에도 불구하고 오바마의 논평에는 부동산세 외에도, 누진소득세, 공중파의 경매, 공공 대지의 목재나 광물 사용권 또는 방목 권리의 무상 양도나 할인 판매, 공공 대지의 민영화, 지적 재산권 대 환경 등 모든 종류의 진보적 이슈에 적용될 수 있는 정치적 논증의 기본적인 요소가 있다.

이 프레임의 주된 관심사는 그 돈을 공익에 사용하도록 공공 재원으로 (또는 정부의 관리 아래) 보관해야 한다는 것이다.

논증 프레임은 어떻게 작동하는가?

한걸음 뒤로 물러서서 일반적인 논증 프레임을 살펴보자. 일반적인 논증 프레임은 위에서 상술한 가치와 구조 요소 이외에도 부동산세에 대한 진보적 입장을 형성한다. 프레임이 단순히 낱말을 다루는 것이 아니라는 점을 기억하라. 프레임은 우리가 세계를 이해하고 세계와 상호 작용하는 심적 구조이다. 사실 (논증 프레임과 마찬가지로) 여러 프레임들이 다른 프레임을 사용하여 구성될 수 있다. 일반적인 논증 프레임은 도덕적 가치와 근본 원리, 이슈 정의 프레임, 일상적 프레임, 표층 프레임, **추론**을 포함한다. 논증 프레임은 많은 이슈에 적용된다. '작동 중인' 이슈 정의 프레임에 의존하여, 당신은 많은 이슈 영역에서 동일한 논증 프레임을 사용할 수 있다.

예를 들어, '공익을 위한 공공 재원 프레임'을 살펴보자.

도덕적 가치: 감정이입과 책임. 우리는 사람들에게 관심을 가지며, 그러한 관심을 바탕으로 행동할 책임이 있다.

근본 원리: (i) 공익 ― 개인의 목표는 공익을 위한 공공 재원의 사용에 의존한다. (ii) 공정성 ― 서민 계급으로부터 경제적 자원을 빼앗아 필요하지도 않은 부유한 개인들에게 양도하는 것은 불공정하다.

이슈 정의 프레임: 부동산세. (앞에서 언급한 바와 같이, 다른 이슈들이 여기에서도 적합할 수 있다.)

일상적 프레임: 경제적 등가 프레임. 받을 돈을 받지 않는 것은 그 돈을 거저 내주는 것과 경제적으로 등가이다. 돈을 빌려준 사람에게 갚지 않는 것은 그 돈을 빼앗아가는 것과 경제적으로 등가이다.

추론: 공익을 보호하기 위해서, 우리는 공공 재원을 지켜야 한다.

진보주의자나 보수주의자로 활동하는 것은 한 이슈만이 아니라 많은 이슈에서 사용되는 풍부한 일반적 논증 프레임을 소유하는 것을 의미한다. 이것이 바로 정치에 익숙해진 사람이 새로운 이슈가 발생하자마자 '새로운' 논증을 곧장 이해하거나 구성할 수 있는 이유이다. 그 '새로운' 논증은 실제로 전혀 새롭지 않다. 그것은 어떤 새로운 이슈 정의 프레임과 연결된 일반적인 논증 프레임의 실례이며, 때로는 새로운 일상적 프레임이거나 표층 프레임이다. 그러나 그 논증의 전체적인 구조와 내용은 그대로 남는다. 우리는 한순간에 이 논증 프레임들 중 더 많은 프레임에 도달한다. 그러나 처음에는 논증 프레임의 성분에 대해 말을 아낄 필요가 있다.

일상적 프레임들은 세계가 어떻게 작동하는지를 이해하기 위해 사용된다. 어떤 일상적 프레임들은 비교적 정확하다. 어떤 일상적 프레임들은 심하게 부정확하다. 그러나 정확하든 부정확하든 그러한 프레임이 정치적 논증에서 사용된다. 세가지 이유 때문에 일상적 프레임을 인식하는 것이 중요하다. 거짓 프레임에 속지 않고, 거짓 프레임을 이해하고 되받아치며, 거짓 프레임들을 분해하여 더 일반적인 논증 프레임을 파악하기 위해, 우리는 일상적 프레임들을 인식해야 한다. 일상적 프레임들은 매우 일반적일 수 있다. 즉 많은 이슈 영역에 적용될 수 있다. 또는 그러한 프레임은 비교적 구체적이어서 단지 하나의 이슈 또는 몇개의 이슈와 관련이 있을 수 있다.

일상적 프레임은 도덕적 가치의 문제나 근본 원리의 문제, 이슈 정의 프레임의 문제, 심지어 표층 프레임의 문제가 아니다. 일상적 프레임은 일상적 지식, 즉 상식의 문제로 여겨진다. 일상적 프레임은 때때로 의식적으로 선별되고 논의될 수 있으며, 거짓이거나 터무니없을 때 웃음거리가 되거나 손상될 수 있다.

정치적 논증에서 흔히 쓰이는 몇몇 일상적 프레임을 살펴보자.

썩은 사과 프레임. '썩은 사과 하나가 온 광주리를 망친다'는 속담을 생각해보라. 이 속담이 함축하는 의미는 만일 당신이 썩은 사과 하나 또는 몇개를 제거한다면, 나머지 사과는 좋을 것이라는 것이다. 부패가 국지화되어 더이상 퍼지지 않을 것이다. 부패는 비도덕성에 대한 은유이다. 비도덕적인 행동이 있는 경우에 한 사람 또는 소수의 사람에게 책임을 지운다. 하지만 더 넓은 어떤 전체적인 비도덕성이나 비도덕적인 정책, 비도덕적인 문화에는 책임을 지우지 않는다.

이 일상적 프레임은 고문을 (아부 그라이브 스캔들에서와 같은) 군대 내의 전체적인 문제로 보는 조사를 제약하는 데 사용되었다. 그래서 그 문제는 억제된다. 군대는 정말로 '썩은 사과들' ─ 사건에 연루된 가장 낮은 계급의 군인 요원 ─ 을 제거했다. 이것은 엔론사*의 경우에서도 마찬가지였다. 엔론사의 경우에, 회사의 전체 문화보다는 오히려 제프리 스킬링(Jeffrey Skilling)과 케니스 레이(Kenneth Lay) 등 소수의 대표자가 썩은 사과로 식별되었다. 그런데 엔론의 기업 문화에서는 보통 최고 수준의 피고용자는 물론 중간급의 피고용자조차도 '데스 스타'(Death Star)나 '겟 쇼티'(Get Shorty)라는 코드명의 불법적인 행동으로 공익 설비의 규제 완화를 이용함으로써 대중에게 바가지를 씌울 음모를 꾸몄다.

---

* 엔론사(Enron)는 불과 15년 사이에 1,700% 초고속 성장을 기록하여 미국의 7대 기업에 속하게 되었지만, 분식 회계 등이 밝혀져 수백억 달러의 빚을 안고 2002년 파산한 회사.

'전통은 옳다' 프레임. 이 프레임은 만일 어떤 아이디어나 제도가 '시험의 시기를 통과했다'면, 그것은 옳다고 말한다. 이것은 게이 결혼이나 레즈비언 결혼의 허용을 반대하는 논증에 사용된다. 이 논증에서는 결혼이 전통적으로 한 남자와 한 여자 사이에 존재했다고 주장한다. 따라서 이 주장은 그 문제를 공략하는 올바른 입장이다. 관련 논증은 '유권자는 옳다'라는 일상적 프레임이다. 이 프레임은 많은 주의 입법부가 이러한 취지로 법을 통과시키기 때문에, 그것은 옳다는 견지에서 동성 결혼에 반대하는 데 사용된다.

십대 최저 임금 프레임. 이 프레임은 아주 구체적이며, 최저 임금으로 일하는 대부분의 사람들이 부모의 지원을 받는, (예를 들어 식료품 가게에서 물건을 봉지에 담아주는 사람으로) 일을 처음 해보는 십대라고 주장한다. 그런데 이 프레임은 최저 임금 인상을 반대하는 주장에 사용된다. 최저 임금을 인상하면 임금이 너무 높아져서 초보적인 일자리를 없앤다는 것이다. 두 주장은 모두 거짓이지만 이 일상적 프레임은 널리 수용된다.

적응 프레임. 이 프레임은 아주 흔히 나타난다. 이 프레임은 만일 어떤 현상이 자연적이거나 널리 퍼져 있다면, 당신은 그 현상을 극복할 수 없으므로 그것을 수용하여 가능한 한 적응하는 것이 낫다고 말한다. 자유주의자들은 이 프레임을 사용하여 다음과 같이 마리화나의 합법화를 주장한다. "사람들은 마치 술을 마시러 가는 것처럼 자연스럽게 마리화나를 피우러 간다. 따라서 당신은 마리화나를 합법화하는 것이 낫다." 자유주의자들은 또한 성교육을 지원하는 데 이 프레임을 사용한다. "어쨌든 사람들은 성관계를 가질 것이며, 따라서 최선의 조치는 사람들에게 안전한 성 풍습과 피임법에 대해 교육하는 것이다." 안전한 낙태 옹호자들도 적응 프레임을 사용한다. "원치 않은 임신을 한 많은 여성들은 언제나 낙태를 해왔고 앞으로도 그렇게 할 것이다. 그래서 낙태를 안전하게 하고 합법화하는 것이 최선이다." 뉴욕 시장 마이클 블룸버그(Michael Bloomberg)는, 이민자들은 일을 찾을 수 있는 곳으로 가고 있으며, 따라서 국경의 담이 이 나라에 들어오는 그들을 계속 막지는 못할 것이라고 주장했다.

미끄러운 비탈길 프레임. 모든 것이 다 좋게 보이는 척도상의 한 점이 있다. 그러나 또한 그 척도에서 조금만 이동해도 동일한 방향으로 점점 더 움직이게 되어 결국 재앙이 발생하거나 어처구니없는 일이 일어나도록 작용하는 어떤 힘이나 경향이 있다. 이것은 어떤 주어진 방향의 외견상 작은 변화에 반대하는 귀류법에서 사용된다.

예를 들어, 알다시피 보수주의자들은 만일 최소 임금을 시간당 5달러 15쎈트에서 7달러로 올려야 한다면 왜 시간당 10달러나 100달러로 올리지 않는가라고 반문하였다. 동성 결혼을 반대하는 보수주의자들은 만일 게이 결혼이나 레즈비언 결혼을 허락한다면, 다음에는 사람들이 개와 결혼하려고 할 것이라고 주장한다. 줄기세포 연구 의안을 부시 대통령이 거부하는 이유를 물었을 때, 백악관 언론공보관 토니 스노우(Tony Snow)는 대통령은 살아 있는 인간을 죽이는 미끄러운 비탈길을 따라가기를 원하지 않았다고 대답했다.

원형 프레임. 일상적 프레임에서 가장 중요한 프레임의 하나는 원형 프레임이다. 이 프레임에서는 당신이 (사실적이거나 상상적인) 어떤 하위범주에 근거하여 범주에 대해 추론한다. 가장 잘 알려진 범주는 사회적 고정관념이다. 예를 들어, 보수주의자들과 진보주의자들은 둘 다, 비록 각각 사용하는 고정관념이 아주 다르기는 하지만, 이민자에 대한 고정관념을 사용한다. 한 고정관념은 이민자들이 '불법체류자'라는 것이다. 이 고정관념에서 그들은 영어를 못하며, 교육을 받지도 않았고 받을 수도 없으며, 미국인들에게서 일자리를 빼앗아가며, 교육과 건강을 위한 지방 자금을 고갈시키며, 범죄자와 마찬가지로 신뢰해서는 안되는 중죄인이다. 이 고정관념은 보수적인 논증에서 흔하다. 진보적인 논쟁에서 흔히 볼 수 있는 또다른 고정관념은 '미등록 노동자'이다. 이 고정관념에서 미등록 노동자는 저임금 때문에 미국인들이 원하지 않는 필수적인 일을 하고, 우리의 생활양식을 가능케 하고, 미국인들과 마찬가지로 아메리칸 드림을 찾으려고 애쓰는 정직하고, 근면하며, 좋은 가문의 남자나 여자이다.

많은 범주에는 (다른 지식이 없을 때 해당 범주에 대해 추론하는 데 사용되는) 전형적인 경우와, (평가를 위한 기준을 정하는) 이상적인 경우, (어쨌든 피해야 할) 악몽과 같은 경우의 원형이 있다. 부시 대통령은 전형적인 미국인 남성 고정관념의 투영이다. 즉 부시 대통령은 악의 없으며, 참되고 정직하며, 종교적이며, 다정하고 서민적이며, 교양이 지나치지도 않지만, 필요한 경우에는 강하고 엄격하고 책임감 있다는 고정관념을 심어준다. 진보주의자들은 부시 대통령을 악몽의 대통령으로 간주하는 경향이 있다. 진보주의자들에게 부시는 멍청하고 무식하며 무능하다. 또한 비열하고 탐욕스러우며 이기적이며 사악하다. 그리고 그는 오만하고 권위적이며 경청하기를 꺼린다. 그래서 그는 신뢰할 수 없고 음흉하다. 미네쏘타 출신의 상원의원이었던 고(故) 폴 웰스톤(Paul Wellstone)은 생전에, 대부분의 진보주의자들이 그를 정직하고, 원칙적이고, 자상하고, 영리하고, 용기 있고, 강한 이상적인 상원의원으로 간주했다.

끝으로 눈에 띄는 실례들이 있다. 마음속에 각인되어 있어서 사람들이 개연성에 대한 판단을 바꾸는 경우들이 있다. 따라서 9·11이 테러리스트 공격의 한 실례로 아주 빈번하게 반복되어, 오마하, 데이튼, 쎄인트루이스 사람들은 자신들이 테러리스트들의 공격을 받을 개연성이 높다고 생각한다. 레이건은 '사이비 복지수혜자'(welfare queen)의 실례를 아주 빈번하게 반복하여, 비정상적이며 정말로 특이한 이 실례가 전형적인 것으로 받아들여졌다.

요약하면, 논증 프레임들에는 동일한 전체 구조가 있다. 먼저 도덕적 가치와 근본 원리가 있다. 그런데 이것들은 둘 다 전체적인 세계관에서 나온다. 그리고 이슈 정의 프레임과 일상적 프레임이 있다. 이들은 전체적인 세계관으로부터 독립적으로 존재하지만, 그 세계관에 합치하도록 선택된다. 그 다음에 낱말과 슬로건과 일치하는 표층 프레임이 있다. 이것들은 다른 모든 프레임과 합치하도록 선택된다. 그리고 마지막으로 이 모든 프레임에서 나오는 추론들이 있다.

미국 이야기

모든 사람은 흥미로운 이야기를 좋아한다. 좋은 논증은 영웅과 악당이 있는 이야기를 담고 있다. 영웅과 악당은 일련의 가치와 원칙, 믿음, 통계를 시작과 중간, 끝이 있는 이야기로 전환시키는 데 도움을 준다. 고립된 정치적 이슈에는 호소력이 거의 없다. 이야기로서의 정치적 이슈는 개인적인 정체성과 국가적인 정체성에 대한 더 심오한 이해와 관련을 맺기 시작한다.

서사 속의 가장 기본적인 역할은 영웅과 악당, 희생자, 조력자이다. 그리고 몇몇 기본적인 서사 형식은 자기 방어(악당이 영웅/희생자를 해친다), 구원(영웅이 조력자와 함께 악당과 싸워 이긴다), 장애물 극복(어려움을 넘어서는 환경의 희생자로서의 영웅), 잠재력 실현(영웅은 특별한 잠재력을 지니고 있으며 절제와 불굴의 의지로 그 잠재력을 실현한다)이다.

작가이자 전 노동부장관 로버트 라이히(Robert Reich)는 이른바 '네 개의 중요한 미국 이야기'를 분류했다.[2] 이 서사들 중 첫번째 '승리를 만끽하는 개인'은 자수성가한 사람들의 이야기이다. 용기와 책임감, 의지가 있으면 어느 누구든지 자력으로 성공할 수 있다. 이것은 장애물 극복 서사이다. 다음에 '자비로운 사회'는 공동체를 더 좋게 만들기 위해 '우리는 모두 이렇게 단결해야 한다'는 집단적인 노력을 묘사한다. 여기서 사회는 집단적인 영웅 또는 그 영웅에 대한 조력자이다. 더 부정적인 이야기 '문앞의 폭도'는 미국을 도덕적인 위계의 맨 윗자리에 올려놓으며, 다른 나라와 다른 민족이 부과하는 위협에 대항해서 이 나라를 방어하는 일이 긴급하다고 주장한다. 여기서 미국은 보호받거나 구원받아야 할 희생자이다. 끝으로 '정상의 부패'는 권력을 남용하여 공익에 손해를 끼치는 권력층 엘리뜨들의 악행에 저항하도록 경고한다. 여기에는 흔히 맞서 싸워야 할 집단적 악당이 있다. 비록 그 악당이 강력한 지도자일지라도 싸워야 한다.

라이히는 이 서사들이 미국의 역사 전체에서 아주 빈번하게 반복되어서 문화의 일부가 되었다고 주장한다. 따라서 이 서사들을 적용하면 미국 대중에게 잘 어울리는 논증을 만들어내는 데 도움이 된다.

이 서사들은 단지 독자에게 강요만 하는 것이 아니라 스스로 논증을 구성하기도 한다. 이 서사들은 영웅과 악당, 희생자의 정체를 밝혀주기 위해 도덕적 가치와 근본 원리를 필요로 한다. 또한 정말로 공격과 구원, 성의의 형식이 무엇인시를 말하기 위해 이슈 정의 프레임을 필요로 한다.

'나쁜 습관을 버려라' 서사를 생각해보라. 이것은 중독이 바로 극복해야 할 악당인 자기 방어 서사이다. 은유적으로 이 서사의 특징은 (사회복지, 세금, 화석 연료 등의) 해악 물질에 대한 바람직하지 않은 의존이다. 이러한 의존은 강력하며 영웅/악당을 파멸시킬 수 있다. 의존성을 없애려면 의지와 결단력이 필요하다. 그러나 그 싸움은 내적이다. 악당은 내부로부터 영웅/희생자를 위협하고 있다.

우리는 이 물질의 영향력을 인정하며, 중독자가 그 습관을 버려야 한다는 데 공감한다. 중독자들이 문제를 극복하기 위해 도움을 필요로 하고, 도움 받을 자격이 있다는 것을 이해한다. 이 길을 가로막는 사람은 누구든지 도덕적 과정을 방해한다. 이 이야기를 더 복잡하게 만드는 것은 이 이야기를 관통하는 또하나의 단순한 서사이다. 중독성 물질 유포자들은 이 이야기 내에서 완전히 부도덕한 악당이다. (마약업자, 정부, 석유 회사 등) 그들은 약탈적이고 자기 이익을 도모하며, 그들의 탐욕이 영웅/희생자를 파멸시킬 것이다.

간단히 말해서, 서사들은 논증에 청중을 끌어들이며 또한 이슈 자체에 대한 청중의 이해를 유도하는 경로를 제공한다. 논증의 서사를 식별하기 위해서는 먼저 희생자와 악당을 찾아내라. 무엇이 위험에 처해 있는가? 누가 그 희생자를 구할 것인가? 어떻게 구할 것인가?

정치 생활에는 진행 중인 서사 구조들이 있다. 문화 전쟁 서사에서는 진보주의자들이 ('정상의 부패'를 대표하는 엘리뜨) 악당으로, 평범한 보수주의자들은 희생자로, 보수적인 지도자들은 영웅으로 묘사된다. '테러와의 전쟁'은 자기 방어 서사이며, 이 서사에서 '테러리스트'는 악당이다. 이라크 전쟁은 악한 싸담 후쎄인과 그의 대량 살상 무기에 대항하는 자기 방어로 시작되었다. 무기가 발견되지 않자, 이라크 전쟁은 구원 서사가 되었다. 이 구원 서사에서 이라크 국민들은 폭정에서 구출해야 할 희생자이며, 따라서 그들에게 민주주의를 제공해야 한다.

정치에서 사용되는 일반적인 논증 프레임에는 기본적인 프레임이 몇 개 있다. 여기에서는 그것들 중 두 개의 프레임, 즉 보수주의자들이 주로 사용하는 '죄와 벌 프레임'과 진보주의자들이 주로 사용하는 '안전망 프레임'을 살펴본다.

죄와 벌 프레임

이 프레임은 앞에서 논의한 구조를 따르며, 다음과 같은 동일한 기본 요소를 가지고 있다.

도덕적 가치: 엄격한 아버지 도덕성. 위법 행위는 처벌받아야 한다. 그렇지 않으면 미래의 위법 행위를 예방할 동인이 없을 것이며, 따라서 모든 질서가 무너질 것이다.

근본 원리: 도덕적 회계. 정의는 응징이다. 위법 행위에 내한 응징은 그 위법 행위에 비례해야 한다. 따라서 정의는 위법 행위자에 대한 타당한 엄벌이다.

이슈 정의 프레임: 이것은 여러 다른 이슈로 채워질 수 있다. 또한 바

로 이것 때문에 이 논증 형식이 여러 이슈에 적용될 수 있다.

일상적 프레임: (i) 도덕적 본질. 극악한 위법 행위나 반복적 위법 행위는 위법 행위자가 본유적으로 악하다는 것을 보여준다. (ii) 저지. 다른 사람들이 미래에 위법 행위를 하지 못하도록 벌은 엄해야 한다.

추론: 관용과 자비는 위법 행위를 예방할 동인을 제거하여 도덕적 가치와 정의 개념 자체를 훼손한다. 희생자는 응징할 권리가 있다. 즉 그들은 범법자들을 엄하게 처벌할 권리가 있다.

서사 역할: 악당은 위법 행위자이다. 희생자들은 범죄 희생자이자 동시에 사회 일반의 구성원이다. 영웅은 법의 시행을 강제하는 사람들이다.

이 프레임은 사형제도, 삼진제도, 약물 범죄에 대한 의무 형량 선고, 불법 이민자의 중범죄자 대우, 공립학교의 자동 진급 금지 등과 같은 아주 많은 보수주의 정책을 옹호하는 데 사용된다. 이 프레임의 실례가 되는 보수주의 논증의 세가지 실례(사형제도와 삼진제도, 표준화 시험)와 진보적 적용의 한 실례(불법행위 소송법)를 살펴보자.

사형제도: 전 세계적으로 수천년 동안 여러 문화에서 공정한 정의 체계의 기본적인 교의를 인정해왔다. 그것은 (근본 원리인) '눈에는 눈'이다. 만일 어떤 범죄자가 선량한 생명을 빼앗는다면, 그에 대한 유일하게 공정한 처벌은 그의 생명을 빼앗는 것이다(도덕적 가치). 더욱이 가장 중대한 범죄 ─ 고의 살인 ─를 범하는 사람은 어느 누구든지

개심할 기회를 얻을 수 없으며 사회 안에 어떤 자리도 없다(일상적 프레임). 만일 정의를 떠받들 용기가 없다면, 우리는 관용의 메씨지를 도처의 범죄자에게 보낸다(일상적 프레임).

삼진제도: 이 논리는 간단하다. 만일 죄를 범한다면, 당신은 감옥에 간다. 개인은 자신의 행동에 대해 책임을 져야 한다. 형량은 범죄에 비례해야 한다(근본 원리). 어떤 점에서 범죄자들은 대중에게 자신들이 개심할 수 없다는 것을 예시한다(일상적 프레임). 범죄자들은 단지 안정 사회를 구조화하는 법에 대한 존경심이 전혀 없다(일상적 프레임). 이 점에서 사회는 "참을 만큼 참았다"라고 말할 의무가 있다(도덕적 가치). "스트라이크를 세번 받으면 너는 아웃이다"라는 삼진제도를 통해 반복적인 범법자를 제거함으로써 우리 자신을 보호해야 한다.

표준화 시험: 학교는 어른으로서의 생활을 위한 토대를 훈련시키고 있다. 학교는 우리 아들과 딸 들에게 일터에서 필요로 하는 기술과 그들의 성공을 보장해줄 직장 윤리를 가르친다. 가장 뛰어나고 가장 영리한 학생들이 성실한 노력과 절제, 학업 성취에 대해 보상을 받아야 한다(도덕적 가치). 은유적으로 이러한 학생들은 법을 준수하는 도덕적인 사람이다. 시험은 학업 성취의 척도이자 미래 성공의 지표이다. 시험에 맞추어 가르치는 것은 성공을 위해 가르치는 것이다. 시험은 또한 학업 성취가 낮은 학생에게 더 잘 수행할 수 있도록 동인을 제공한다(일상적 프레임). 계속해서 실패하는 사람들은 '법을 위반하고' 있으며, 진급해서도 안되고 졸업하도록 허락해서도 안된다. 그것이 그들

의 벌칙이다(근본 원리). 그들을 통과시키면 교육 체계 자체가 허물어질 것이다. 교육 체계는 성공하는 데 필요한 경쟁과 동인을 제공한다.

불법행위 처벌법 위반: 흥미롭게도 진보주의자들은 불법행위 처벌법 위반에 대해 죄와 벌 프레임을 채택했다. 사람들에게 손해를 끼치는 기업은 민사 체계의 소송을 통해 법의 심판을 받을 수 있다. 그러한 법정 소송에서 손해를 끼친 데 대해 고소당한 기업—악당—은 피고이며, 희생자는 원고이다. 소송 변호사는 이 이야기의 영웅인 형사이자 동시에 검사이다. 수사 활동과 기소를 지원하는 자금은 소송 변호사에게 지불되는 배상금에서 나온다. 기업은 '유죄'로 드러날 수 있으며, 상당한 배상금을 반드시 지불해야 하는 '벌을 받는다.'

우연히도 보수주의자들은 '불법행위 처벌법 개혁'을 통해 이 체계를 파괴하려 하고 있다. 즉 보수주의자들은 낮은 수준에서 배상금의 상한가를 정하여, 변호사가 더이상 경찰과 검사로서의 기능을 발휘할 수 없도록 하고 전체 체계를 마비시키려 할 것이다. 그들의 동기는 대중을 해롭게 하거나 속였다는 이유로 법정 소송을 당해 이익을 상실하는 것에서 시장을 '자유롭게' 하는 것이다.

안전망 프레임

보수주의자들은 이 프레임을 거의 사용하지 않는다. 반면에 진보주의자들은 아주 빈번하게 사용한다. 이 프레임도 죄와 벌 프레임과 같은 구조를 따른다.

도덕적 가치: (i) 감정이입과 책임. 우리는 사람들에게 관심을 가지며 이러한 관심을 바탕으로 행동할 책임이 있다. (ii) 자유. 이것은 주로 궁핍으로부터의 자유이다.

근본 원리: (i) 인간의 존엄. 부유하고 문명화된 국가에서 어떤 사람도 아래로 내려가서는 안되는 인간적 평안함의 기준선이 있다. (ii) 공익. 우리는 모두 이 점에서 하나이다. 우리는 모두 나라 전체에 책임을 진다.

이슈 정의 프레임: 이것은 전국민 의료보험과 최소 임금과 같은 여러 다른 이슈로 채워질 수 있다.

일상적 프레임: 세계에서 가장 부유한 국가는 인간의 존엄성을 유지할 수 있다.

추론: (전국민 의료보험, 최소 임금 등) 이 이슈는 정부가 다루어야 한다. 우리의 내재적인 자유, 특히 궁핍으로부터의 자유를 극대화하는 것이 바로 정부의 일이다. 이 이슈는 나라 전체에 충분한 부가 있기 때문에 정부가 다룰 수 있다. 그리고 다루어야 한다.

서사 역할: 희생자는 인간 존엄성의 한계 아래로 내려가기 쉬운 사람들이다. 악당은 희생자들을 위한 지원금을 빼앗아가고 그들에게 불명예를 강제하고자 하는 사람들이다. 영웅은 인간의 가치를 위해 견디는 시민들이다.

안전망 프레임은 복지와 기업 책임, 이민을 비롯한 수많은 이슈에 적용될 수 있다. 사회보장 제도, 노인의료보험, 집 없는 사람들을 위한 주택 공급, 피난민의 대우, 출산전후 관리 등에 적용될 수 있다.

만일 그 이슈가 궁핍한 어머니와 자녀의 지위라면, 정부가 그러한 자녀가 충분한 양식과 주거, 의복, 예방주사, 기본 의료보험을 가지고 있는지 확인할 책임이 있다는 추론이 나온다. 또한 정부는 어머니들이 그러한 것을 위한 돈을 벌 수 있도록 적절한 직업과 육아, 교통을 제공해야 한다.

안전망 프레임을 위한 불가피한 경우로서 세가지 주요 이슈, 즉 전국민 의료보험과 최소 임금, 사회보장 제도를 면밀히 살펴보자.

전국민 의료보험: 건강은 완전하고 생산적이며 의미있는 생활의 토대이다. 건강이 좋지 않다면, 당신은 장래의 희망을 이룰 수 없으며 마음껏 삶을 즐길 수도 사회의 생산적인 구성원이 될 수도 없다(도덕적 가치). 이 나라는 모든 미국민이 생명의 권리와 자유의 권리, 행복 추구의 권리를 지닌다는 원칙에 토대를 두었다(근본 원리). 질병은 미국민 모두에게 해를 끼칠 수 있다. 질병은 가정을 파산시킬 수 있다. 질병은 단지 약한 사람들이나 나이든 사람들에게만 영향을 미치지 않는다. 질병은 모든 사람에게 다가온다. 어떤 사람도 충분한 의료보험 없이 살아갈 수 없다.

우리 국민이 궁핍과 불필요한 고통에서 자유롭다는 것을 보장하는 것은 자유롭고 문명화된 부유한 국민으로서의 우리의 일이다. 부유한 제1세계 국가는 모든 국민에게 기본적인 의료보험 권리와 예방적 의료 권리를 충분히 보장할 수 있다(일상적 프레임). 다른 제1세계 국가들도 그렇게 한다. 의료보험은 감당할 수 있는 사람들만의 특권이 아니다(근본 원리). 우리의 근본적인 자유는 궁핍으로부터의 자유를 포함하기 때문에 의료보험은 기본적인 권리이다. 그리고 모두에게 그 권리를 보장해주는 것은 국민으로서의 우리의 책임이다(도덕적 가치).

최저 임금: "미국에는 하나의 묵시적인 이해가 있다. 즉 당신이 열심히 일한다면, 자신과 가족을 부양할 수 있을 것이라는 약속이 있다"(일상적 프레임).[3] 3천만 이상의 미국인이 열심히 일하고 있지만 빈곤 속에서 살고 있다. 우리가 약속의 목적을 제대로 지키고 있지 못하기 때문이다. 일자리 수요가 많은 어려운 시기에, 고용주들은 임금을 생계유지 기준 이하로 깎을 수 있다. 이로 인해 그들은 더 많은 이익을 내거나 소비자 가격을 끌어내릴 수 있다. 그러나 이것은 이 나라의 약속을 위반한다(근본 원리). 미국이 노동자들에게 약속했던 돈이 다른 사람들 — 고용주와 소비자 — 에게 가고 있다(일상적 프레임).

열심히 일을 하고서도 생계를 꾸릴 수 없을 때, 당신은 집과 권위, 사회에서의 당신의 몫을 잃을 수 있다. 최저 임금을 올리는 것은 실제적인 문제이다. 최저 임금 인상이 이루어진 주(州)에서는 가난한 사람들이 자신의 돈을 다시 경제에 투입하여 일자리를 만들어냈기 때문에 고용이 늘었다. 최저 임금 인상은 또한 실행해야 할 도덕적인 일이다. 최저 임금을 인상하는 것이 동료 미국인들에 대한 우리의 도덕적 헌신이다(도덕적 가치). 미국의 약속을 지키지 못하는 것은 언제나 세계 희망의 등대였던 바로 그 미국을 잃는 것이며, 공정한 게임을 믿는 미국을 잃는 것이며, 부유한 문명국으로서의 미국이 궁핍으로부터의 자유를 비롯하여 우리의 기본적인 자유를 여전히 수호한다는 개념을 잃는 것이다.

사회보장제도: 건강 악화에서 자립심의 감소에 이르기까지 노년은 무섭다. 필요한 경제적 지원이 없는 노년을 생각하는 것은 훨씬 더 두려운 일이다(도덕적 가치). 우리의 사회보장제도는 이러한 지원을 보장한다. 즉 사회보장제도는 이 나라가 열심히 일하는 미국인들이 정년에 이를 때 그들에게 등을 돌리지 않는다는 것을 보증한다. 궁핍으로부터의 자유는 우리의 가장 소중한 자유 중의 하나이다. 평생을 헌신적으로 일했기 때문에, 이 나라의 노인들에게 자유를 보장해주는 것, 즉 이 나라의 국민들이 위엄있게 은퇴할 수 있도록 그리고 가난한 삶을 강요당하지 않도록 보장하는 것은 정부의 책임이다(근본 원리).

사유화는 사회보장제도가 보장해야 하는 안전 그 자체를 위협한다. 필연적으로, 전문적인 투자가도 아니고 단순히 운이 나쁜 수백만 미국인들은 자신이 평생 모은 저축을 날려버리며 끝날 것이다. 그들의 손해는 월스트리트의 이익이 된다. 우리는 통합된 사회보장제도를 보존해야 하며, 정부가 책임을 회피하도록 해서는 안되며, 또한 노인들을 주식시장 복권에 내맡겨서도 안된다(일상적 프레임).

이 논증들은 모두 일반적인 안전망 프레임과 합치한다. 그러나 이 논증들은 또한 각각 다른 요소를 필요로 한다. 전국민의료보험 논증은 나쁜 건강의 영향에 대한 일상의 지식을 사용한다. 최저 임금 논증은 최저 임금을 인상한 주(州)의 일자리가 늘었다는 지식을 사용한다. 이것은 최저 임금 인상이 일자리를 없앤다는 정반대의 프레임을 약화한다. 사회보장 프레임은 두 개의 일상적 프레임을 사용한다. 즉 노년의 황폐함 프레임과, 대부분의 사람이 전문적인 투자가가 아니며 그런 모험을 원하지도 않는다는 점을 지적하는 프레임을 사용한다.

이와같이 우리는 개별 논증에 일반적인 논증 프레임 구조가 있다는 것과, 모든 정치적 논증에 도덕적 근거가 있다는 것, 정치적 논증에 영웅과 악당이 등장하는 도덕적 이야기의 서사적 역할이 있다는 것, 좋은 논증은 상대편 논증의 중요한 핵심을 받아친다는 것을 살펴보았다. 이제 논증에서 이야기로 넘어가야 할 싯점이다.

정치적 이야기는 논증

아마도 가장 효과적인 정치적 주장은 논증의 형태가 아니라 이야기의 형태로 나타날 것이다. 지금까지 논증에 영웅, 희생자, 악당, 범죄, 보상, 처벌의 묵시적인 이야기 요소가 있다는 것을 살펴보았다. 그 반대도 또한 사실이다. 이야기에 묵시적인 논증 요소, 즉 논증 프레임의 요소가 있다. 여기에 골드만 재단(Goldman Foundation)에서 요약

되어 나온 진보적인 이야기의 실례가 있다. 이 이야기의 서사적 요소에는 희생자와 영웅, 범죄, 악당, 승리, 정의, 교훈이 들어 있다. 이 이야기는 영웅이 희생자들 중의 하나이기 때문에 자기 방어 서사이다. 영웅은 '승리를 만끽하는 개인'이며 악당은 '정상의 부패'를 나타낸다.

마지 유진 리처드(Margie Eugene-Richard)는 〔영웅〕 루이지애너 주 노코(Norco)의 가난한 아프리카계 미국인 지역에서 자랐다. 그 지역은 쉘(Shell) 화학공장과 쉘의 자회사가 소유한 모티바(Motiva) 정유 공장 사이에 있다. 주민들에게 나타나는 암과 선천적 결손증, 다른 심각한 질병의 아주 높은 발병률 때문에, 그 지역은 '암 골목'(Cancer Alley)*으로 알려져 있었다. 〔범죄〕 대부분의 주민은 그 지역 밖으로 이사할 능력이 없었다. 〔희생자〕

쉘은 지역 주민의 토지를 사들였다. 주민들 중 많은 사람이 (노예제도 폐지 후 미국 남부에서 생겨난) 물납 소작인과 남북전쟁 이전 노예들의 후손이었다. 공장의 일부 심각한 사고는 결국 노동자 사망으로 이어졌으며, 대기속으로 독소가 방출되었다. 〔악당〕

리처드는 자신의 가정과 이웃사람들이 공정한 이주비용의 형태로 쉘로부터 정당한 보상을 받게 하기 위해 1989년 '노코를 사랑하는 시

---

* 암 골목(Cancer Alley): 미국 내에서 오염의 정도가 극히 심하여 발암 물질이 가장 많이 배출되는 것으로 알려진 산업 지역. 주로 딥사우스(미국의 남부 여러 주)에 많이 있으며, 특히 루이지애너 주의 뉴올리언즈 지역이 가장 심하다.

민들'(Concerned Citizens of Norco)을 만들었다. 그녀는 환경운동가와 연구자들과 협동하여 쉘 정유공장이 매년 2백만 파운드 이상의 독성화학물질을 대기에 유입시킨다는 것을 보여주는 보고서를 내놓았다. 그녀는 법정 싸움을 했으며, 쉘을 공개적으로 비난했다. 마침내 그녀의 노력은 환경보호국(EPA: Environmental Protection Agency)의 조사로 이어졌다. 그 결과 공장의 안전을 보장하지 못하고 독성화학물질 배출 보고서를 왜곡한 쉘의 잘못이 드러났다. 〔승리: 영웅이 악당을 물리치다〕

대부분 리처드의 노력 덕택에 쉘은 2000년 독성화학물질 배출을 30퍼센트까지 줄이고, 지역개발기금으로 500만 달러를 제공하며, 지역주민들의 자발적인 재배치 비용 전체를 지불하기로 합의했다. 이것은 미국 최남부 지역에서의 최초의 지역 재배치 승리였으며, 자신의 지역에서 환경 인종차별주의와 싸우는 운동가들에게는 자극제였다. 〔정의: 영웅과 희생자가 보상받고 악당이 처벌받다〕

"미국 흑인으로서 우리가 옳은 일을 위해 일어설 때마다, 사람들은 금전적 탐욕과 목숨 연장을 위한 싸움이라고 말한다"고 리처드는 말했다. "삶의 질 향상과 환경 개선, 정부 개선을 위한 진실과 정의는 사회적 상승의 경로이다."[4] 〔교훈〕

지금까지 우리는 이러한 형식의 이야기를 무수히 살펴보았다. 그러나 이것은 단지 이야기에 불과한 것이 아니라 정치적 논증이다. 첫째, 일반적인 '공동체 운동 프레임'을 사용한다. 둘째, 공동체 운동 프레임에 또하나의 일상적 프레임을 더한다. 그 결과 공동체 운동 프레임이 환경 정의 논증 프레임으로 전환된다.

여기에, 환경적 정의에 공동체 운동을 적용하는 추가적인 요소들이 따르는 논증 프레임이 있다.

- 논증 프레임: 공동체 운동.
- 도덕적 가치: (희생자에 대한) 감정이입과 (영웅의) 책임.
- 원리: 공익과 인간의 존엄.
- 가치: 정의.
- 이슈 정의 프레임: 당신이 가장 좋아하는 활동 이슈를 선택하라.
- 일상적 프레임: (i) 범죄자는 처벌을 받아야 하고 희생자는 보상을 받아야 한다. (ii) 공동체 구성원이 스스로 저항할 때, 그들은 심지어 강력한 이익 단체에 대항해서도 승리할 수 있다. (iii) 공익을 위해 활동하며, 그 활동으로 인해 극심한 어려움을 극복해야 하는 공동체 지도자는 존경받아야 한다.
- 추론: 차별을 받는 사람들은 스스로 싸워야 한다. 기업은 국민의 기본적인 인간 존엄성을 짓밟아서는 안된다. 기업은 공익을 위해 활동하고 대중에게 손해를 끼칠 때 책임을 저야 한다.

환경 정의에 추가되는 프레임은 다음과 같다.

- 이슈 정의 프레임: 가난한 소수자 지역에 대한 기업의 무시는 인종차별주의이다. 오염은 암을 유발한다(전체적 인과관계).
- 추론: 인종차별주의에 맞서 싸워야 한다. 정부의 감시와 규제가 시행되어야 하고, 잘못을 저지르는 기업은 처벌을 받아야 하며, 희생자들은 보상을 받아야 한다.

마지 유진 리처드의 이야기에서 우리는 일반적인 서사 구조와 우리에게 아주 친숙한 논증 프레임을 무의식적으로 그리고 자동적으로 인식한다. 그의 이야기에 힘을 부여하는 것은 바로 이것이다.

사진은 이야기

이야기와 마찬가지로 사진도 정치적 내용을 담을 수 있다. 특히 사진은 정치적 교훈을 담은 이야기를 전해주며 정치적 추론을 포함한 논증을 만들어낸다. 예를 들어, 줄기세포 의안을 거부하는 부시 대통령의 집무 사진을 생각해보라. (이 사진은 백악관 웹싸이트 www. whitehouse. gov/news/releases/2006/07/20060719-3.html에서 찾아볼 수 있다.) 그는 '눈송이 갓난애들'과 그 식구들에 둘러싸여 있다. '눈송이 갓난애'는 다른 가정에서 체외 수정 시도를 위해 넘어온 냉동 태아로 '입양

된' 아이들이다. 그 아이들은 나중에 '양모'의 체외 수정을 통해 태어났다. 오늘날 미국에는 어림잡아 40만의 그러한 냉동 태아가 있다.

이 맥락에서 사진이 '말하는' 것에 주목해보라. 첫째, 이 사진은 구원 이야기를 전해준다. 만일 '눈송이 갓난애들'이 '입양'되지 않았다면, 그들은 여전히 어딘가의 냉장고 속에서 냉동 태아로 남아 있을 것이다. 더욱 나쁜 것은, 만일 대통령이 줄기세포 연구 의안을 거부하지 않았다면, 그들이 줄기세포 실험의 일부로서 파괴되었을지 모른다는 점이다. 그 사진은 아이들을 냉동 '태아'와 연결한다. 냉동 태아는 사실은 배반포, 즉 오직 줄기세포만 있는 오목한 구로서 뇌세포나 팔의 세포, 심장세포, 신경세포, 어떤 다른 종류의 세포도 없다. '태아'라는 용어는 어린 아이의 영상을 활성화한다. 어린 아이는 태아 형태로 있는 것이 아니며, 줄기세포 연구에서도 사용되지 않는다. 그 사진은 어린 갓난애들이 바로 줄기세포 연구에 사용되는 것이라는 생각을 강화한다. 보수주의 언어 전문가들은 수년 동안 이 영상을 강화하기 위해 그 연구를 '태아' 줄기세포 연구라고 불러야 한다고 주장해왔다. 그들은 이제 '구원'이라는 용어의 사용을 주장하며, 이 태아들을 '태내 갓난애'라고 부르기 시작했다. 이것은 도토리를 '태내의 떡갈나무'라고 부르는 것과 마찬가지이다.

결과는 그 사진이 구원 이야기를 전해주며, 이 구원 이야기가 우리가 앞에서 살펴본 바로 그 '공동체 활동가' 이야기 프레임을 그 안에 담고 있다는 것이다. 여기에서 부모는, 이 문제에 관심을 불러일으켰으며, '아이들을 입양하기' 시작했던 활동가들이다. 그들은 자신들이 할 수 있는 모든 일을 했다. 정말로 악한 의회는 줄기세포 연구를 지원하기에 이르렀다. 이 부모들은 지속적이고 단호하게 이 문제에 관해 대통령의 관심을 불러일으켰으며, 대통령이 이제 조치를 취하기 시작해 정부 정책을 만들고 있다. 대통령의 거부는 아이들 — 예를 들어 그의 뒤에 보여준 아이들 — 을 줄기세포 연구에서 구하는 것이다. 이 이야기에는 두 종류의 구원자, 즉 부모와 대통령이 있다.

구원의 이야기를 담은 이 사진은 따라서 다음과 같은 정치적 논증이 된다. 줄기세포 연구는 비도덕적이다. 이 연구는 아이들을 죽인다. 국민의 안전을 보장해야 할 책임이 있는 정부는 그러한 연구를 중단시켜야 한다. 이 유형의 사진과 논증이 낙태에도 일반화된다는 점에 주목하라.

만일 줄기세포 연구를 지지하는 대통령이 그 의안에 서명을 하여 법적인 효력을 부여했다면, 그는 파킨슨씨병이나 다발성 경화증, 알츠하이머병, 또는 줄기세포 연구를 통해서 어쩌면 치유될 수도 있는 수많은 다른 질병을 앓는 사람들과 함께 사진을 찍었을 것이라고 당신은 확신할 수 있다. 부시 대통령은 사진 속에서 그러한 질병을 앓는 사람들과 함께 포즈를 취할 수 없었다. 만일 부시가 그렇게 했더라면 이야기는 아주 달라졌을 것이며, 그는 다른 입장을 옹호하게 되었을 것이다.

망 중립성 논증

우리는 새로운 사례와 새로운 이슈에 끊임없이 부딪친다. 무엇이 진보주의 논증이나 서사 대 보수주의 논증이나 서사를 형성하는지를 어떻게 알 수 있는가? 새로운 상황에 직면할 때 우리는 어떻게 새로운 논증과 이야기를 구성하는가? 해답은 프레임을 구성하는 방법을 배우는 것이다. 즉 진보적인 심층 프레임과 도덕적 세계관, 가치, 원칙, 일반적인 논증 프레임과 서사 프레임을 배우는 것이다. 암기로 배우는 것이 아니라, 숙지와 행동으로 배우는 것을 의미한다. 그러나 이 모든 것을 명시적으로 제시하는 것이 도움이 된다.

'망 중립성'에 대한 새로운 논증을 살펴보자. 보수적 논증이든 진보적 논증이든, 이 논증은 두 체계의 가치와 원칙에 합치하도록 신속하게 구성되었다.

망 중립성을 지지하는 구글(Google)의 논증으로 우리의 논의를 시작해보자.[5]

네트워크 중립성은 인터넷상에서 인터넷 사용자들이 어떤 콘텐츠를 보는지와 어떤 응용쏘프트웨어를 사용하는지를 바로 그 자신들이 통제해야 한다는 원칙이다. 인터넷은 초창기부터 계속 이 중립성에 따라 작동했다. 실제로 구글을 비롯한 많은 회사가 사업을 시작하고 성장하고 혁신하는 이유는 이 중립성 때문이다. 근본적으로 망 중립성은 인터넷의 동등한 사용 권리와 관련이 있다. 우리가 보기에, 광대역 전송업자에게 시장 지배력을 사용하여 경쟁 응용쏘프트웨어나 콘텐츠를 차별하도록 허용해서는 안된다. 누구와 통화할 수 있는지 또는 무엇을 말할 수 있는지를 소비자들에게 말하도록 전화 회사에 허용하지 않는 것처럼, 광대역 전송업자들에게도 시장 지배력을 사용하여 온라인 활동을 통제하도록 허용해서는 안된다. 오늘날, 광대역 전송업자들이 어떤 콘텐츠가 당신에게 가장 먼저 그리고 가장 빠르게 도달하는지를 결정하기 위해서 의회의 승인을 받으려고 하기 때문에, 인터넷 중립성이 위험에 처해 있다. 간단히 말하면, 이것은 인터넷의 개방성을 근본적으로 변화시킬 것이다.

구글의 대표이사 에릭 슈미트(Eric Schmidt)는 '정보 고속도로' 은유를 사용하여 이 논증을 계속한다.

오늘날 인터넷은, 아무리 크거나 작다 하더라도, 아무리 전통적이거나 비관습적이라 하더라도, 누구든지 동일하게 접근하는 정보 고속도로이다. 그러나 거의 모든 인터넷 접근을 통제하는 전화나 케이블 독점회사들은 누가 고속 회선에 접근할 수 있는지와 누구의 콘텐츠를 가장 먼저 그리고 가장 빠르게 보여줄 것인지를 선택할 힘을 원한다. 그들은 이중 체계를 구축하여 돈을 내지 않는 사람들에게는 진입을 차단하기를 원한다.

법적이고 규정적이며 입법적인 전투는 법학 교수 로런스 레씨그(Lawrence Lessig)와 티모시 우(Timothy Wu)가 수행한다. 그들은 임시적인 그룹 광대역 사용자·혁신자 동맹(Coalition of Broadband Users and Innovators: CBUI)을 대표한다. 광대역 사용자·혁신자 동맹은 연방통신위원회(Federal Communication Commission: FCC)가 다음 규칙을 채택하기를 바란다.

광대역 네트워크 조작자는, 가입자들이 자신의 광대역 써비스를 사용하여 합법적인 인터넷 콘텐츠나 써비스에 접근할 수 있는 능력, 또는 자신의 광대역 써비스와 연결하여 응용쏘프트웨어나 써비스를 사용할 수 있는 능력, 네트워크에 해롭지 않은 장치를 부착할 수 있는 능력을 차별적이거나 비합리적인 근거로 훼손하거나 침해해서는 안된다.

따라서 망 중립성을 지지하는 논증은 연방통신위원회에 의한 이러한 형태의 정부 규제를 지지하는 논증이 된다.

이 이슈는 새로운 것이지만, 앞에서 우리는 가치와 원칙, 일반적 논증, 서사 형식을 살펴보았다. 인터넷은 공유지로 간주된다. 즉 인터넷은 공공 재원(납세자의 돈)으로 개발된 공익 기반시설의 일부이다. 가치는 (접근의) 자유이고 (접근의) 평등이다. 정부는 (연방통신위원회를 거치는) 규제를 통한 자유와 평등의 수호자로 간주된다. '공원'이나 '깨끗한 물'이나 '전화'를 '인터넷'으로 대치하면, 동일한 논증이 적용된다. 정부는 이 공유지에 대한 동등하고 공정한 사용 권리를 보장해야 한다.

악당은 컴캐스트(Comcast)*, 버라이즌(Verizon)**, 에이티앤티(AT&T)***, 에이오엘(AOL)**** 등 광대역 써비스 제공업자(Broadband Service Providers)이다. 그들은 회선과 접근 제어 권리를 갖고 있다. 그들의 범죄는 이익을 위해 자유와 평등을 위협한 것이다. 희생자는 인터넷을 사용하는 시민이다. 영웅은 광대역 사용자·혁신자 동맹 회사(구글, 마이크로쏘프트, 야후)와 로런스 레씨그(Lawrence Lessig)나 빈트 써프(Vint Cerf)와 같은 유명한 대변인, 인터넷 공동체 자체, 특히 블로거이다. 블로거 덕택에 이 이슈는 국민적 관심사로 급부상했다.

이 논증의 보수적 측면은 케이토연구소(Cato Institute)의 한 보고서와 『월 스트리트 저널』(The Wall Street Journal) 사설에서 찾아볼 수

---

* 컴캐스트(Comcast): 광대역 네트워크의 건설과 운영에 주력하는 미국 최대의 케이블 TV 사업자.
** 버라이즌(Verizon): 전화회사 벨애틀랜틱(Bell Atlantic)과 장거리 전화회사 지티이(GTE)의 합병으로 1999년 출범한 미국 최대의 정보통신회사.
*** 에이티앤티(AT&T): 미국 전신전화회사(American Telephone and Telegraph Co.).
**** 에이오엘(AOL): 웹브랜드, 인터넷 기술, 전자상거래 등을 선도하고 있는 미국 최대의 인터넷 회사. 미국 온라인(American Online Inc.)의 약칭.

있다. 첫째, 케이토연구소는 인터넷 콘텐츠에 대한 광대역 써비스 제공업자의 합리적인 제약으로 간주하는 사례로 보고서를 시작한다.

광대역 써비스 제공업자가 인터넷 콘텐츠에 대한 소비자의 접근을 거부하거나 씨스템 주변에 다양한 장치나 네트워크의 부착을 금지할 수도 있다는 것은 분명히 그럴듯하다. 비록 오늘날 그러한 활동에 참여하는 광대역 써비스 제공업자의 실례는 거의 없지만, 네트워크 소유주가 사용 제한이나 차별적인 가격 책정 계획을 자신의 광대역 소비자에게 부과하는 것이 완전히 합리적인 상황이 존재할 수도 있다. 네트워크 소유주는 씨스템 충돌이나 간섭, '씨그널 절도'를 피하기 위해 자신의 네트워크에 대한 특정 장치의 사용을 차단하고자 할 수도 있다. 네트워크 소유주는 네트워크 혼잡을 피하기 위해서 또는 대역폭 집중 써비스로 더 많은 수입을 올리기 위해서 써비스에 다른 가격을 매기기를 원할 수 있다. 네트워크 소유주는 자신의 씨스템 상에서 콘텐츠와 통로를 수직적으로 통합하거나, 자신이 새로운 고객을 확보하는 데 도움을 주고 최상의 써비스를 제공할 수 있는 다른 회사와 제휴를 원할 수 있다. 그리고 특정 싸이트의 접속을 차단하는 것이 네트워크 운용자에게 합리적인 씨나리오가 존재할 수도 있다. 네트워크 소유주는 일부 가입자들이 불쾌하게 생각할 수도 있는 자료를 담고 있는, 논란이 되는 특정 웹싸이트의 접속을 차단하려고 할 수 있다. 또는 단순히 주요 경쟁사의 광고를 내보내는 것을 피하기 위해 싸이트를 차단하려고 할 수 있다.

그 다음 케이토연구소는 산업계 입장 뒤에 숨은 실제적인 근거를 다룬다. 그리고 위의 견해를 정당화해주는 근거를 다룬다.

> 망 중립성 규정은 또한 광대역 써비스 제공업자들이 법적으로 소유하고 운용하는 기반시설 내의 그들의 실제 재산권을 경시한다. 설상가상으로 재산권을 무시하고 규제와 간섭을 늘리기 시작함으로써, 망 중립성 규정은 새로운 광대역 시설에 대한 개혁과 투자를 지연시킬 우려가 있다.

케이토연구소는 재산권의 신성함에 대해 다음과 같은 보수주의 논증을 사용한다. 시장은 도덕적이고 자연적이며, 재산은 도덕적 행위에 대한 보상이며, 재산의 소유자는 자신의 재산으로 자신이 원하는 것을 행할 권리가 있다. 더욱이 시장이 모든 것을 바로잡을 것이다. 계속해서 케이토연구소는 '도덕적 시장' 논증을 다음과 같이 제시한다.

> 망 중립성 옹호자들은 또한 네트워크 용량 사용과 이익 동인이 지나치게 제한적인 전송업자 활동을 아주 강력하게 견제할 것이라는 사실을 무시하는 경향이 있다. 전송업자는 오직 더 많은 양의 정보를 실어나름으로써만 돈을 번다.[6]

그리고 다음은 『월 스트리트 저널』의 사설이다.

연방통신위원회의 진술에 따르면, "소비자는 인터넷에서 '콘텐츠'나 '응용 방식' '장치'를 스스로 선택하여 사용할 권리를 부여받는다." 소비자는 또한 "네트워크 제공자의 경쟁, 응용쏘프트웨어와 써비스 제공자의 경쟁, 콘텐츠 제공자의 경쟁을 즐길 권리가 있다."

이러한 '수혜 권리'의 방대한 목록을 찬찬히 살펴보라. 만일 우리가 연방통신위원회의 말을 그대로 받아들인다면, 온라인 포르노 접속도 이제 권리가 된다. 그럼에도 불구하고 다른 맥락에서는 연방통신위원회가 텔레비전에 대한 '품위 유지' 기준을 감찰하는 일에 점점 몰두하고 있다. 연방통신위원회 의장 케빈 마틴(Kevin Martin)이 품위 유지 기준을 위한 캠페인을 전개했기 때문에, 우리는 그가 그 모든 수혜 권리 이야기를 약간 당황스럽다고 여길 것이라고 생각했다. (…) 우리는 구글과 같은 망 중립성 지지자에 대항하는 비차별 사례 — 예를 들어, 자신의 탐색 결과에서 경쟁업체를 너무 평가절하하는 것에 대한 — 를 충분히 제시할 수 있다. 마이크로쏘프트의 새 운용 체계가 반(反)경쟁적이라는 구글의 최근 불평은 '중립적인' 망에 대한 싸움이 어떤 모습일 것인지를 보여주는 전조이다. 그렇지만 구글과 여타 웹 싸이트 운용자는 망 중립성 시류에 합류했다. 그들의 목적은 수수료를 물지 않고 버라이즌이나 다른 인터넷 써비스 제공업자로부터 보장된 수준의 써비스를 받기 위한 것이다. 그들은 일단 중립성 차단막을 열면 자신들이 직면하게 될 법적·정치적 위험을 인식하지 못하는 듯하다.[7)]

『월 스트리트 저널』은 '수혜 권리들'에 반대하는 전통적인 보수주의 논증을 제시한다. 정부가 주는 어떤 것이든지 그것을 '받을 권리'는 아무도 없다. 정부 구호품은 비도덕적이다. 더욱이 정부 규제는 위험하며, 시장에서 활동하는 회사는 부분적으로는 규제 기관들이 대립하는 의제(품위 유지 기준)를 가질 수 있기 때문에, 그리고 부분적으로는 회사 스스로 법정 소송에 휘말릴 수 있기 때문에, 규제가 자신의 이익에 반할 수 있다는 것을 알아야 한다.

광대역 써비스 제공업자는 인터넷 공동체의 강력한 반대에 맞서 클린턴 정부의 홍보전문가였던 마이크 맥커리(Mike McCurry)를 고용했다. 맥커리는 『허핑튼 포스트』에 다음과 같이 글을 써서 블로그 세계를 직접 공격한다.

인터넷은 무료의 공익이 아니다. 인터넷은 전선과 스위치, 연결망, 파이프의 다발이다. 그래서 인터넷은 삐걱거린다. 당신은 이 논쟁의 결과에서 분명한 재정적 이익을 얻은 빈스(빈트의 오식 — 원주) 써프를 완전히 숭배한다. 하지만 당신은 이견을 보이는 우리 모두를 즉시 비난하며 우리의 동인을 논박한다. 나는 내가 믿는 바를 주장하기 위해

적은 금액을 댓가로 받는다. 바로 그곳의 망 중립성 옹호자들 중 얼마나 많은 사람이 재정 자원과 이 논쟁에서 당신을 후원하는 특별 이익 집단과 관련하여 정직한가? 당신은 정말로 이것이 선과 악의 문제라고 믿는가, 아니면 단지 무엇이 '인터넷을 번성하고 번창하게' 만들 것인가에 대한 정직한 이견이라고 믿는가? 인터넷 규제의 의도하지 않은 결과에 대한 데이비드 파버(David Farber)의 최근 경고에 대해 당신은 어떻게 생각하는가?

나는 연방통신위원회와 여타 정부 규제 기관에 인터넷이 미래에 어떻게 확산될 것인가를 결정하는 권한을 부여하는 데 반대한다. 그것이 바로 당신들 망 중립성 옹호자들이 지지하는 바이다. 지금까지 인터넷은 규제 없이 작동해왔다. 이제 무엇을 해결하려고 규제를 도입하려 하는가? 무슨 콘텐츠가 거절당하고 있는가? 무슨 써비스가 평가 절하되고 있는가? 당신이 바로잡으려고 하는 인터넷의 잘못된 점은 무엇인가?

그 대신에, 당신 앞에는 위험에 대한 어떤 신화가 있다. 만일 누군가가 실제로 앞으로 수십년 동안 작동할 인터넷을 만드는 데 들어갈 수십억을 우리가 감당해야 한다고 요청한다면(놀라울 일이지만!)? 당신은 비디오와 풍부한 자료의 유료 써비스를 다운로드와 동시에 재생해줄 거대한 콘텐츠 회사에 돈을 내고 싶은가 아니면 그런 회사를 직접 만들고 싶은가? 나는 우리가 이와같은 논쟁을 하게 되기 전에, 무차별적인 포르노 살포자가 자신의 콘텐츠를 내보내도록 줄지어 기다리는 공공 인터넷보다는 차라리 우리가 그 위에 탑재할 정보 통행량을 처리할 수 있는 강력한 인터넷을 가까운 미래에 소유하고 싶다.

이것은 불량한 거물 로비스트(내가 그들 중의 하나라고 생각한다면 얼마나 심한 농담인지!)를 고용하는 불량한 거대 기업과 비교해서 진보적이고 서민 친화적이며 민주당 친화적인 입장이 있는 이슈가 아니다. 이것은 무엇이 우리 모두에게 유익하게 작동할 차세대 인터넷을 가져다줄 것인지에 대한, 원칙에 따른 분명한 이견이다.[8]

맥커리는 다음 전략을 사용한다.

- 망 중립성 지지자(예를 들어, 구글의 빈트 써프)도 역시 이익 동인을 지녔다고 비난함으로써 써비스 제공업자에 반대하는 이익 동인 논증을 허물어뜨려라. 이것은 작동할 수 없다. 왜냐하면 써프는 구글 시절 훨씬 이전으로 거슬러 올라가는 인터넷 이용자의 진정한 영웅이기 때문이다.
- 인터넷이 단지 물리적 발현('전선과 스위치, 연결망, 파이프의 다발이다. 그래서 인터넷은 삐걱거린다')에 불과하다는 프레임을 구성함으로써 공유지 논증을 허물어뜨려라. 이것은 삭동할 수 없다. 왜냐하면 기지가 넘치는 인터넷 공동체는 인터넷이 그 이상의 거대한 양 — 쏘프트웨어(특히 무료 개방형 쏘프트웨어)와 수십만 자원자의 헌신적인 작업 — 이라는 것을 안다.

- 인터넷이 공유지라는 것을 완전히 부인하라. ('인터넷은 무료의 공익이 아니다.') 이것은 큰 실수이다. 상대편의 프레임을 부정하면 상대편은 단순히 인터넷이 처음부터 공유지의 역할을 했다고 생각하게 된다. 이 역할이 바로 인터넷 공동체의 거대한 자발적인 노력을 불러왔던 것이다.

- 이것이 탐욕스러운 거대 기업과 서민 사이의 전투라는 것을 부인하라. ('이것은 불량한 거물 로비스트에게 지불하는 불량한 거대 기업과 비교해서 진보적이고 서민 친화적이며 민주당 친화적인 입장이 있는 이슈가 아니다.') 이것은 상대방의 프레임을 부정하는 또하나의 실례이다. 맥커리는 인터넷 청중에게 이것이 바로 당면한 이슈라는 것을 상기시키고 있다.

- 실용적인 이슈가 되도록 이 이슈의 프레임을 재구성하라. 어느 경로가 더 잘 작동하는 인터넷에 도움이 될 것인가? 기업가의 기백과 혁신정신을 동원하라. 지불하는 사람이 과연 누구여야 하는지 물어보라. 회사인가 아니면 일반 대중인가? 여기에서 맥커리는 우파를 대변하고 있으며, 왼쪽으로 이동한 것처럼 보임으로써 좌파의 지원을 얻으려고 시도하고 있다. 이것도 역시 작동할 수 없다. 이 공동체는 우둔하지 않다. 그들은 열심히 활동하고 있다. 만일 회사가 지불한다면, 그들은 자신들의 이익을 위해 그 비용을 엄청나게 대중에게 떠넘길 것이다. 더욱이 회사들의 실제 계획은 이전의 투자에 근거하여 콘텐츠에 대한 비용을 지금 당장 청구하는 것이다. 이전의 투자

는 그들에게 이미 손쉬운 이익을 만들어주고 있다.

지금까지 우리가 살펴본 것은 (1) 진보적인 논증과 보수적인 논증이 단지 새로운 이슈에 사용되는 일반적인 논증 프레임이라는 것과 (2) 맥커리가 거대 기업을 지지하는 프레임을 짜려다가 표준의 덫에 빠졌다는 것이다.

이것은 논증이 어떻게 작동하는가에 대한 상당한 통찰을 제공한다. 우리는 이 장이 여러 가지 사실을 조망해주었기를 바란다.

이 책의 원래 제목을 『생각의 갈래』(*Thinking Points*)라고 붙인 이
유가 있다. 사고 활동이 실천의 첫 걸음이기 때문이다. 운동은 궁극적
으로 가치와 이념과 관련이 있다. 조직 활동이 중요하지만, 그것은 무
언가와 관련이 있어야 한다.

이 책은 수행해야 할 과제를 위한 책이다. 즉 장기간에 걸쳐 드러
난 진보적 비전을 명확히 표현하기 위한 책이다.

그것도 일시적이 아니라 미리 앞을 내다보며 표현해야 한다.

이 과제는 미국 전역의 서민 대중이 수행해야 한다. 다음 선거를
위해서뿐만이 아니라, 선거가 있든 없든, 계속 수행해야 한다. 승리하
지 못하면 패배한다.

당신이 무엇을 믿는지, 왜 그것을 믿는지를, 그리고 이웃에게 어떻

게 말할 수 있는지를 철저히 생각해보는 온라인 공동체로서의 진보적 네트워크를 위한 책이다.

이 책은 시대적 이슈 자체를 논의했으며, 또한 그러한 이슈가 어떻게 진보적 비전을 다듬는가와 그러한 이슈가 잊힌 뒤 계속되는 대화에 어떻게 기여하는가를 논의했다.

생각의 핵심은 말로 외치는 구호와 대비된다. 즉 앵무새 슬로건과 자동차 범퍼의 우스운 선전 문구, 티셔츠 문구, 광고 카피와 대비된다. 외치는 구호에 아무런 문제도 없지만, 그것은 이 책이 다루는 내용이 아니다.

오늘의 이슈는 내일 잊힐 수 있다. 그러나 그 이슈 뒤의 원칙과 가치는 지속될 것이다.

어제의 논증은 결코 다시 거론되지 않을 수도 있다. 그러나 진보적 사고의 논리를 명시하는 논증 프레임은 계속 남을 것이다.

표층 프레임은 사라지지만, 심층 프레임은 결코 사라지지 않는다.

| 주(註) |

1장: 승리와 패배

1) Dick Wirthlin and Wynton C. Hall, *The Great Communicator: What Ronald Reagan Taught Me About Politics, Leadership, and Life*, Hoboken, N.J.: John Wiley 2004.
2) 예를 들어, 다음을 보라: "Bush Is Not Incompetent," www.rockridgeinstitute.org/research/lakoff/incompetent.

2장: 이중개념주의

1) Jerome A. Feldman, *From Molecule to Metaphor: A Neural Theory of Language*, Cambridge, Mass.: MIT Press 2006.
2) 상원의원 조셉 리버만(Joseph Lieberman)의 선거운동 웹싸이트 www.Joe2006.com 참조. 보수주의유권자동맹(the League of Conservation Voters)과 전국낙태권리옹호 동맹(NARAL: The National Abortion and Reproductive Rights Action League), 전국 가족계획연맹(Planned Parenthood)의 지지를 받는다.

3) www.pbs.org/newshour/bb/politics/july-dec00/lieberman_8-11.html에 있는 2001 년 8월 11일에 있은 PBS 뉴스아워(NewsHour)의 상원의원 조셉 리버만과의 인터뷰. 부시 대통령은 www.whitehouse.gov/news/releases/2005/12/20051207-1.html에서 이라크에 대한 리버만의 자세를 높이 평가했다.

4) 제3의 길 중산층 프로젝트에서 나온 William A. Galston과 Elaine C. Kamarck의 '양극화의 정치'(*The Politics of Polarization*)(2005). www.third-way.com/ products/16.

5) 2006년 6월 11일자 『워싱턴포스트』에 실린 David Sirota의 "Find Your True Center" 참조. www.washingtonpost.com/wp-dyn/content/article/2006/06/09/AR2006060902000. html 참조.

3장: 프레임과 두뇌

1) Erving Goffman, *Frame Analysis*, New York: Harper 1974.

2) 한 실례는 언어학 연구 싸이트인 프레임 넷이다. framenet.icsi.berkeley.edu/.

3) 프레임 구성에 대한 우리의 접근과 공화당 메씨지 전략가 프랭크 룬츠(Frank Luntz) 의 접근 비교는 우리의 웹싸이트에 있는 다음 글에서 찾아볼 수 있다: "Framing vs. Spin, Rockridge as Opposed to Luntz." www.rockridgeinstitute.org/research/lakoff/luntz 참조.

4) 2001년 9월 13일 콜린 파월 국무장관과의 인터뷰. www.americanrhetoric.com/ speeches/powell&lehrer.html

5) 이에 대한 더 완전한 논의는 로크리지연구소 웹싸이트에 실린 다음 논문을 보라: "The Framing of Immigration." www.rockridgeinstitute.org/research?Subject= Immigration 참조.

6) www.rockridgeinstitute.org/research/lakoff/framingkatrina에 실린 "Framing Katrina"와 "Bush Is Not Incompetent"를 보라.

4장: 가정으로서의 국가

1) George Lakoff, *Moral Politics: What Conservatives Know That Liberals Don't*, 2nd

ed., Chicago: University of Chicago Press 2002.

2) 돕슨의 아이 양육 실천에 대한 더 많은 정보는 다음 싸이트를 보라: www.family. org.

3) 더 상세한 분석은 다음을 보라: Lakoff, *Moral Politics*.

4) 2005년 네브래스카 주의 오마하(Omaha)에서 열린 터크투자클럽(Tuck Investment Club) 오찬에서 워렌 버핏(Warren Buffett)과의 질의응답 시간.

5) 더 상세한 논의는 다음을 보라: George Lakoff, *Whose Freedom?: The Battle over America's Most Important Idea*, New York: Farrar, Straus and Giroux 2006.

6) 더 상세한 논의는 다음을 보라: John W. Dean, *Conservatives Without Conscience*, New York: Viking 2006.

7) www.whitehouse.gov/news/releases/2001/09/20010920-8.html에 있는, 2001년 9월 20일에 행한 조지 부시의 공동의회 연설. 그리고 www.marchforjustice.com/unplugged.php 에 있는, 2002년 1월 29일에 실시한 조지 부시의 연두교서.

8) 더 많은 논의는 다음을 보라: Lakoff, *Whose Freedom?*(제8장)과 Thomas Frank, *What's the Matter with Kansas?: How Conservatives Won the Heart of America*, New York: Metropolitan Books 2004.

5장: 도덕성과 시장

1) Adam Smith, *An Inquiry into the Nature and Causes of the Wealth of Nations*, Book II, 1776.

2) PBS 뉴스아워(*NewsHour*)가 2002년 2월 12일에 실시한 제프리 케이(Jeffrey Kaye) 와의 인터뷰: "Aid for Airlines." www.pbs.org/newshour/bb/transportation/jan-june02/airline_aid_2-12.html.

3) Michael Grunwald and Juliet Eilperin, "Energy Bill Raises Fears About Pollution, Fraud Critics Point to Perks for Industry," *The Washington Post*, July 30, 2005. www.washingtonpost.com/wp-dyn/content/article/2005/07/29/AR2005072901128. html.

4) Michael Pollan, *The Omnivore's Dilemma: A Natural History of Four Meals*, New

York: Penguin 2006.

5) 마켓플레이스 퍼블릭 라디오(Marketplace Public Radio)가 2006년 6월 7일 로버트 라이히(Robert Reich)와 실시한 다음 인터뷰: "Estate Tax Repeal? Bad for the Economy." http://marketplace.publicradio.org/shows/2006/06/07/AM200606071. html 참조.

6장: 근본적 가치

1) 2006년 6월 5일자 조지 부시의 결혼보호수정안(Marriage Protection Amendment). www.whitehouse.gov/news/releases/2006/06/20060605-2.html 참조.

2) 1956년 3월 12일 아리스토텔레스 학회에서 발표된 월터 브라이스 갤리(Walter Bryce Gallie)의 논문.

3) Alan Schwartz, "Contested Concepts in Cognitive Social Science"(honors thesis, University of California, Berkeley, 1992). Lakoff, *Moral Politics, Whose Freedom?*

4) 제안 제209호의 전문은 다음 주소에서 찾아볼 수 있다: www.acri.org/209/209text. html.

5) 부시의 두번째 취임 연설 전문은 다음 주소에서 찾아볼 수 있다: www.whitehouse. gov/news/releases/2005/01/20050120-1.html.

6) www.falwell.com.

7) www.family.org.

8) 전문은 다음 주소에서 찾아볼 수 있다: www.hpol.org/lbj/civil-rights/.

9) 예를 들어, 2006년 5월 25일자 뉴욕타임즈에 실린 데이비드 브룩스(David Brooks) 의 다음 글을 보라: "Of Love and Money."

7장: 전략적 의안

1) George Lakoff, *Don't Think of an Elephant!: Know Your Values and Frame the Debate*, White River Junction, Vt.: Chelsea Green 2004, 9~33면.

2) 2005년 2월 13일자 워싱턴포스트에 실린 토마스 비 에드살(Thomas B. Edsall)의 다

음 글을 보라: "Conservatives Join Forces for Bush Plans" www.washingtonpost.com/
wp-dyn/articles/A19782-2005Feb12.html 참조.

3) 더 많은 정보는 다음 주소를 참조하라: www.newamericancentury.org/.

4) www.rockridgeinstitute.org에 있는 "Bush Is Not Incompetent"를 보라. 또한 다음
주소에서 새로운 미국 세기의 원칙 진술을 위한 프로젝트(Project for the New
American Century's Statement of Principles)를 보라: www.newamericancentury.
org/statementofprinciples.htm.

5) David Sirota, *Hostile Takeover: How Big Business Bought Our Government and
How We Can Take It Back*, New York: Crown 2006.

6) 2005년 12월 8일자 뉴욕타임즈에 실린 다음 글을 보라: Alexei Barrionuevo and
Keith Bradsher, "Sometimes a Bumper Crop Is Too Much of a Good Thing."

7) 논의를 하려면, 다음 주소를 참조하라: www.sarep.ucdavis.edu/concept.htm.

8) Pollan, *Omnivore's Dilemma*.

9) 같은 책.

10) John Locke, "The True Original, Extent, and End of Civil-Government," Second
Treatise, *Two Treatises of Government*, 1689.

11) Peter Barnes, *Capitalism 3.0: A Guide to Reclaiming the Commons*, San Francisco:
Berrett-Koehler 2006.

12) 교통에 대한 더 많은 정보를 보려면, 다음 주소를 참조하라: www.publictransportation.
org/reports/asp/better_health.asp.

8장: 논증의 기술

1) 연설 전문은 다음 주소에서 볼 수 있다: http://obama.senate.gov/press/060607-
remarks_by_senator_ barack_obama_on_the_paris_hilton_tax_break/index.html.

2) Robert Reich, "Story Time," *The New Republic*, March 28, 2005.

3) Beth Schulman, "Restore the Promise of Work: Raise the Minimum Wage,"
forums.oneamericacommittee.com/index.php?showtopic=30.

4) www.goldmanprize.org/node/100.

5) www.google.com/help/netneutrality.html.

6) www.techlawjournal.com/topstories/2004/20040112.asp.; www.cato.org/pubs/pas/pa507.pdf.

7) www.opinionjournal.com/editorial/feature.html?id=110008391.

8) www.huffingtonpost.com/mike-mccurry/hostile-commentary-and-ne_b_20179.html.

| 감사의 글 |

후원자의 관대한 기부가 없었다면 이 책은 쓸 수 없었을 것이다. 로크리지연구소도 실제로 존재할 수 없었을 것이다. 프라이버시를 존중하기 위해 기부자의 이름을 일일이 밝히지 않는다. 그렇지만 우리가 진심으로 감사하고 있다는 것을 그들이 이해해주기를 바란다. 유례없이 많은 도움을 준 몇몇 기관 후원자는 언급하지 않을 수 없다. 열린사회연구소(Open Society Institute)와 마거릿 캐씨 재단(Marguerite Casey Foundation), 나단 커밍스 재단(Nathan Cummings Foundation), 무브온 재단(MoveOn Foundation), 월러스 세계 기금(Wallace Global Fund)이 바로 그러한 기관후원자이다. 이 책이, 기부자들이 우리와 우리의 임무에 보여준 신뢰를 입증한다면, 우리는 커다란 성공을 거두었다고 말할 수 있다.

로크리지연구소에서 먼저 활동했고 많은 노력으로 이 책의 바탕을 쌓았던 사람들의 공헌을 높이 평가한다. 또한 수많은 자원봉사자들의 시간과 헌신에서 큰 도움을 받았다. 캐슬린 프럼킨(Kathleen Frumkin)에게, 영감과 아이디어를 제공하고 이해심을 보여준 데 대해 특별한 감사를 드린다. 그리고 이 원고를 세심하게 읽고 유익한 제안을 해준 에밀리 플렉(Emily Plec)과 카이 스틴치코움(Kai Stinchcombe)에게도 마음의 빚을 지고 있다.

마지막으로, 편집자 싸피르 아흐메드(Safir Ahmed)도 이 책에 많은 기여를 하였다. 그는 우리가 임박한 마감시간을 맞출 수 있도록 자신의 일정을 제치고 밤낮으로 우리와 함께 작업을 했다. 그의 침착한 태도로 우리는 모두 안정감을 얻었으며, 그의 통찰력으로 이 책은 훨씬 더 풍성해졌다.

로크리지연구소는 진보적 공동체를 지적으로 지원하여 우리의 민주주의를 신장하기 위해 헌신하는 정책연구소이다. 우리의 목적은 대중적인 논쟁의 프레임을 다시 구성하고 일련의 진보적 목소리 사이의 합의를 장려하여 사람들에게 긍정적인 변화를 이끌어내는 힘을 부여하는 것이다. 진보적인 도덕적 비전과 참여하는 시민들의 힘을 강하게 신뢰하기 때문에, 우리는 공통적인 진보적 목소리를 찾는 사람들과 단체들에게 중심축 역할을 한다.

이 책의 출간은 우리에게 중요한 이정표가 된다. 이 책은 분석과 변혁 운동의 계속되는 프로젝트에 근거를 제공한다. 우리는 미래 지향적이고 규칙적인 목소리를 내려는 전국의 조직과 사람들을 위해 우리의 자료를 이용하여 상호작용적인 온라인 로크리지 행동 네트워크를 구축할 것이다. 또한 우리의 웹싸이트에서 생각의 갈래를 확장할 것이다. 즉 우리는 점점 더 많은 사회적·정치적 이슈의 프레임 구성을 분석하고 그러한 이슈의 프레임을 더 잘 구성하는 방법을 추천하는 것은 물론 그날의 이슈에 대해 목소리를 낼 것이다.

로크리지연구소는 대중을 위해 글을 쓴다. 우리의 써비스를 조직이나 개인에게 팔지 않는다. 우리 자신을, 우리의 연구를 읽고 그로부터 혜택을 받는 사람들과 맺은 협정의 일부로 간주한다. 그래서 우리 독자들이 우리 활동과 임무를 지원해주기를 기대한다. 로크리지연구소는 501(c)(3)에 근거한 비과세 비영리 연구기관이자 교육기관이다. 우리 웹싸이트(www.rockridgeinstitute.org)에는 우리에게 안정적으로 기부할 수 있는 연결 싸이트가 있다. 로크리지연구소는 어떤 선출직 후보자를 지원하지도 반대하지도 않으며, 어떤 정당을 지지하지도 않는다.

브루스 버드너
로크리지연구소 집행위원장

1

『프레임 전쟁』(*Thinking Points*)은 미국 진보주의 정치관에 대한 입문서이자 진보주의자가 나아갈 길을 제시한 안내서로, 진보주의의 기저에 깔린 가치와 이념을 인지언어학의 개념적 은유 이론에 근거하여 체계적으로 조명하고 있다. 저자 죠지 레이코프(George Lakoff)는 미국 캘리포니아(버클리)대학교(University of California, Berkeley) 언어학과의 교수이다. 그는 비당파적 진보주의 연구기관인 로크리지연구소(The Rockridge Institute)를 설립했으며, 현재도 운영진 중 가장 중요한 인물이다. 국제인지언어학회의 초대 회장을 지냈으며, 2년에 한 번씩 열리는 국제인지언어학회의 주요 초청 연사로, 국제인지과학회의 이사로 활동하고 있다.

레이코프는 매써추씨츠 공과대학교(Massachusetts Institute of Technology) 재학 시절 노엄 촘스키(Noam Chomsky)의 제자였으나, 언어학자로서는 스승과 완전히 대립적인 입장을 취하고 있다. 그는 1957년의 이른바 언어학 혁명 이후 반세기 동안 언어학계의 황제로 군림해온 촘스키의 생성언어학이 언어의 본질을 해명하는 데 근본적인 한계를 지닌다고 비판하면서, 언어 연구에서 인간의 인지적 측면을 강조하는 인지언어학을 창시했다. 그는 인지언어학 분야에서 뛰어난 연구 성과를 내놓고 있음은 물론, 인지언어학의 개념적 은유 이론을 수학과 정치, 신경과학 등 다른 분야에도 적용하고 있다. 그는 언어학자이면서도 정치 현상에 대해 자신의 목소리를 분명히 내고 있다는 점에서는 촘스키와 비슷한 길을 가고 있다. 그렇지만 촘스키의 정치 평론이 그의 언어학 이론과 별 관련이 없는 것과 달리, 레이코프는 자신의 인지언어학 이론을 미국인의 정치적 사고를 분석하는 데 적용하고 있다. 그래서 레이코프는 인지주의 운동가로 불린다.

개념적 은유 이론을 정치에 적용한 레이코프의 분석은 앞서 나온 『도덕의 정치』(*Moral Politics*)와 『코끼리는 생각하지 마!』(*Don't Think of an Elephant!*)에서 상당한 성공을 거두었다. 그는 『도덕의 정치』에서 미국인의 대립적인 두가지 정치관이 두가지 가정 모형(엄격한 아버지 모형과 자애로운 부모 모형)에서 비롯된다는 이론을 정립했다. 그리고 『코끼리는 생각하지 마!』에서는 1980년대 레이건 행정부 이후 미국에서 진보진영이 보수진영에게 패하고 있는 이유가 두가지 가정모형에 연결된 프레임(구성)과 깊은 관련이 있음을 보여주었다. 이제 『프레임 전쟁』에서 레이코프는 개념적 은유, 프레임 이론, 이중개념주의 이론 등 몇가지 갈래를 통해 진보주의의 나아갈 길을 모색한다. 레이코프의 이 연구는 한국의 정치현실에도 시사하는 바가 크다. 대통령선거를 앞두고 지지율 저조로 대내외적 혼란을 극복하지 못한 채 표류하고 있는 한국의 진보진영은 국민의 강력한 지지를 회복하기 위한 실마리를 이 책에서 찾을 수 있을 것이다.

2

먼저 레이코프는 *국가는 가정*이라는 개념적 은유가 미국의 다양한 진보적 가치를 분석하는 데 어떻게 적용될 수 있는지, 그리고 어떻게 진보주의의 성공적인 논증 프레임을 구성할 수 있는지 보여준다. 이 은유는 가령 '나의 조국' '모국 러시아' '건국의 아버지들' '혁명의 딸' '국모' '국부' 등의 표현에서 보듯이, 국가가 가정의 관점에서 이해되는 것을 말한다. 이 은유에 따르면 고국은 집이고, 국민은 형제자매이며, 정부는 부모이다. 국민에 대한 정부의 의무는 자녀들에 대한 부모의 의무와 같다. 부모가 자녀들을 보호하듯이 정부는 국민과 국가의 안전을 보장해야 한다. 부모가 자녀에게 할 수 있는 일과 해서는 안되는 일을 알려주듯이 정부는 법을 제정한다. 부모가 자녀에게 돈과 먹을 것을 주듯이 정부는 국가의 경제를 이끌어간다. 부모가 우리를 훈육하듯이 정부는 공교육을 제공한다.

국가는 가정 은유는 여기에 그치지 않고 낙태, 환경규제, 총기규제, 소송제한, 동성결혼, 부동산세 등 모든 이슈에 대한 미국의 진보주의 견해와 보수주의 견해 사이의 근본적인 차이를 설명해준다. 미국인들이 가정에 대해 아주 다른 두 모형, 엄격한 아버지 모형과 자애로운 부모 모형을 가지고 있기 때문이다. 이 두가지 가정 모형은 국가 운영의 근본적으로 다른 두가지 도덕 체계로 이어진다. 보수적인 사고는 엄격한 아버지 모형에 근거하는 반면, 진보적 사고는 '자애로운 부모 모형'을 사용한다.

또한 저자는 진보적 사고가 감정이입과 책임감에 근거를 둔다는 점을 분명히 한다. 감정이입은 다른 사람과 유대를 맺고 다른 사람이 느끼는 것을 느끼며, 자신을 다른 사람이라고 상상함으로써 다른 사람들에게 가족적 친밀감을 느끼는 능력이다. 책임감이 있다는 것은 자신에 대한 책임이든 다른 사람에 대한 책임이든 그러한 감정이입을 바탕으로 행동하는 것을 의미한다. 보호와 성취, 자유, 기회, 공평성, 평등, 번영, 공동체 등이 감정이입과 책임감에서 나오는 진보주의의 핵심적 가치들이다. 따라서 진보주의자들이 공익과 자유 신장, 인간 존엄성 보호, 다양성 존중이라는 정치적 원칙을 중시하는 것은 당연하다. 반면에 보수적 사고의 핵심적 가치는 권위와 통제, 절제, 소유권, 위계이다. 이러한 가치는 가정을 세상의 악에서 지켜주는 강한 아버지의 권위와 그 권위에 순종을 강조하는 엄격한 아버지 모형에서 나온다. 가정에서 아버지의 권위가 절대 복종을 요구하듯이, 합법적인 도덕적 권위를 지닌 정치 지도자도 마땅히 존중받아야 한다. 보수적 사고는 도덕적 권위와 개인적 책임, 자유 시장, 자수성가를 중시하는 정치적 원칙을 취한다.

3

이 책의 핵심적인 용어라고 할 수 있는 '프레임'(frame)은 레이코프의 동료교수이자 세계적 언어학자인 필모어(Charles Fillmore)가 언어 표현의 의미를 설명하고 기술하기 위해 언어학에 도입한 개념이다. 프레임이란 세상을 바라보는 방식을 형성하는 우리의 구조화된 정신적 체계로, 프레임을 장악한다는 것은 그 세력이 우리 세계의 주도권을 갖는다는 것을 의미한다. 프레임이 어떻게 우리의 행동과 사고를 제약하는지를 보여주는 실례로 현재 우리나라의 보수 언론에서 퍼뜨리고 있는 '세금폭탄'이라는 말을 들 수 있을 것이다. 이 표현은 '세금은 폭탄'이라는 은유에 근거한다. 또한 '세금 폭탄'의 의미는 전쟁 프레임을 상기시킨다. 폭탄은 전쟁에서 사용되는 살상 무기이며, 공격의 직접 대상이든 아니든 투하 지역의 사람들을 무차별적으로 죽이거나 심각한 부상을 입힌다. 따라서 이 프레임이 작동되면, 종합부동산세는 모든 국민에게 해를 끼치는 아주 강력한 무기로, 반드시 없애야 하는 세제로 받아들여진다.

여기서 미국 진보주의자들에게 프레임을 재구성하고 "가치와 원리에 집중하고 자신이 진정으로 믿는 것을 사람들에게 말하라"고 외치는 저자의 조언은 우리나라의 진보진영에게 그대로 적용될 수 있다. 엄청난 기대와 지지 속에서 출범한 참여정부가 국민들에게 외면을 받는 근본적인 이유는 정치적 정체성이 흔들리는 모습을 보였기 때문이다. 정체성이 분명히 다른 정당에 지역구도 타파를 명분으로 제안한 연정 시도와, 보수파 인사의 주미대사 임명, 공공아파트 분양 원가 공개 반대, 시장의 무한 권력 방치, 미국과의 성급한 자유무역협정(FTA) 추진을 위한 보수 정당과의 공조에 실망한 나머지 진보진영의 많은 지지자들이 정부에 등을 돌렸다.

진보진영은 이제 자신들의 진정성과 비전을 국민들에게 명확하게 전달할 수 있는 효과적인 프레임을 구성해야 한다. 현재 우리나라는 많은 국민들이 신자유주의 경제의 급물살로 정리 해고와 조기 퇴직의 공포에 시달리고 있으며, 그러한 공포에서 벗어나기 위해 나 자신만의 생존을 위해 달음질하고 있다. 또한 빈곤과 궁핍, 교육, 취업, 의료 등에서 소외되어 인간의 존엄성을 위협받는 상황에 처하는 사람들이 점점 더 늘어나고 있다. 이러한 상황은 사회적 산물이기 때문에, 한 개인이 아니라 사회 구성원이 함께 해결해야 할 문제이다. 지금 우리에게 필요한 것은 진보적인 감정이입과 인간 존엄성의 원칙이다. 따라서 진보진영은 '더불어 사는 세상'을 실현할 수 있는 프레임을 계속해서 설파해야 한다. 경제발전과 진보적인 가치들이 상호 배타적이 아니라 양립 가능하다는 것을 지속적으로 보여주어야 한다.

레이코프는 이 책에서 이념적 중심(ideological center) 개념, 중도파 개념을 거부하고 이중개념주의자(biconceptuals) 개념을 도입한다. 우리 인간은 모두 '개념적으로 이중적'이다. 즉, 보수주의 세계관과 진보주의 세계관은 서로 배타적이지만, 우리의 두뇌 속에는 이 두 세계관이 함께 존재하며, 문화적으로도 그렇다. 순수 보수주의자나 순수 진보주의자는 각각 엄격한 아버지 모형과 자애로운 어머니 모형을 사용하여 정치적 활동의 모든 측면을 이해하지만, 그러한 경우는 많지 않다. 따라서 경제적인 측면에서는 진보적이지만 사회적인 측면에서는 보수적이고, 진보적인 국내 정책을 지지하면서 보수적인 대외 정책을 지지하며, 시장에 대해서 보수적 견해를 가지지만 시민적 자유에 대해서는 진보적 견해를 나타내는 등 삶의 측면에 따라 같은 사람이 두 세계관을 보여줄 수 있다. 그러나 이 두 세계관은 상호 억제적이어서 동일한 사람이 동일한 시점에서 동일한 측면에 대해 두 세계관을 동시에 적용할 수는 없다.

레이코프는 미국의 정치를 이해하고 변화시키기 위해서는 먼저 '중도'와는 다른 '이중개념주의자'의 개념을 정확하게 이해해야 한다고 믿는다. 따라서 그는 진보주의자들이 이념적 이중성향자에게도 (이념적으로 진보적인) 원래의 지지자에게 말하는 것과 동일한 방식으로 말해야 한다고 주장한다. 어설픈 타협을 시도하는 것은 진보적 가치가 그릇되었음을 자인하는 결과밖에 되지 않는다는 것이다. 레이코프의 말을 따르자면 한국의 진보진영이 우선순위를 두어야 할 과제 역시 자신들의 신념을 진정성 있게 설파할 수 있는 개념적 프레임을 찾아내는 것이다.

4

인지언어학에 깊은 관심을 가진 탓에 저자의 많은 논문과 저작을 읽어 보았음에도, 전문 용어를 적절한 우리말 표현으로 옮기는 데 어려움이 많았다. 특히 이 책의 이론적 핵심이 되는 frame과 framing에 대한 마땅한 용어를 찾기 힘들었다. 언어학에서는 frame이 명사로만 사용되며 '틀'이라는 번역 용어가 이미 정착되어 있다. 그러나 이 책에서는 frame은 명사와 동사로 사용되며 framing도 함께 사용되고 있기 때문에, '틀'이라는 용어로 번역하기는 곤란했다. 그리고 '틀'로는 저자의 의도가 제대로 살아나지 않아 frame은 '프레임'과 '프레임을 구성하다' 또는 '프레임에 넣다'로 번역했고, framing은 '프레임 구성'으로 번역했다. 그리고 contested concept는 보수진영과 진보진영이 서로 어떤 개념을 자신들에게 유리하게 해석하려고 다투고 있다는 점에서 '경쟁적 개념'으로 번역했고 그에 대한 상대적 개념인 uncontest concepts는 '무경쟁적 개념'으로 옮겼다.

이 책은 언어학 일반과 인지언어학, 문학, 정치학, 사회학, 철학, 교육학 등의 인문학 전공자는 물론 정치 현상에 관심을 가진 일반 독자들도 읽어볼 만하다. 점점 더 많은 사람들이 인간으로서의 존엄성을 위협받을 정도로 양극화가 심화되고 있는 이 시기에 이 책이 진보주의자에게는 다시 한번 자신의 정체성과 비전을 심각하게 성찰하는 계기를 제공하고, 또한 보수주의자들에게는 서민들의 고통에 진정으로 감정이입을 하게 하는 전환점을 마련해주기를 기대한다.

이 책을 옮기는 과정에서 여러 사람들의 도움을 받았다. 우선 이 책의 번역 요청을 흔쾌히 허락해준 저자와, 인지언어학을 가르쳐주신 두 분 은사님, 서강대 영문과 김태옥 명예교수님과 연세대 영문과 이기동 명예교수님께 진심으로 감사드린다. 전남대 철학과의 노양진 교수님은 이 책의 초고를 원문과 대조하여 많은 잘못을 바로잡아주셨다. 전남대(여수)의 노갑영 교수님은 법과 정치 관련 용어의 선택에 많은 도움을 주셨다. 글의 흐름을 바로잡아주신 강정희 선생님과 이선영 선생님, 박명희 선생님 덕택에 졸역을 많이 줄일 수 있었다. 멜리싸 펠트(Melissa Felt)와 존 플랭카(John Planka), 그리고 한국외국어대 영어과의 박정운 교수님은 난해한 부분에 대한 옮긴이의 혼란을 해소해주었다. 끝으로 이 책의 번역을 기획하여 기회를 주신 창비의 인문사회출판부 여러분께 감사드린다.

2007년 7월

나익주

집행위원장　브루스 버드너(Bruce Budner)

연구조교　케빈 버드너(Kevin Budner)

연구조교　키라 데이비스(Kyra Davis)

선임연구원　마크 에틀링거(Mark Ettlinger)

선인연구원　쌤 퍼거슨(Sam Ferguson)

창립 선임연구원　죠지 레이코프(George Lakoff)

연구조교　아리아나 지글(Arianna Siegel)

연구조교　제시카 테어만(Jessica Thierman)

프레임 전쟁

초판 1쇄 발행 / 2007년 7월 20일
초판 12쇄 발행 / 2024년 5월 17일

지은이 / 죠지 레이코프·로크리지연구소
옮긴이 / 나익주
펴낸이 / 염종선
책임편집 / 김소영
펴낸곳 / (주)창비
등록 / 1986년 8월 5일 제85호
주소 / 10881 경기도 파주시 회동길 184
전화 / 031-955-3333
팩시밀리 / 영업 031-955-3399 편집 031-955-3400
홈페이지 / www.changbi.com
전자우편 / human@changbi.com

한국어판 ⓒ (주)창비 2007
ISBN 978-89-364-8540-5 03300